Wolf-Daniel Hartwich

»Deutsche Mythologie«

WOLF-DANIEL HARTWICH

»DEUTSCHE MYTHOLOGIE«

Die Erfindung einer nationalen Kunstreligion

PHILO

Kulturwissenschaftliche Studien, Band 3
Herausgegeben von Klaus Lichtblau

© 2000 Philo Verlagsgesellschaft mbH, Berlin-Wien
Alle Rechte vorbehalten.
Ohne ausdrückliche Genehmigung
des Verlages
ist es nicht gestattet, Teile des Werkes
auf fotomechanischem Wege (Fotokopie, Mikrokopie)
zu vervielfältigen.
Umschlaggestaltung: Gunter Rambow,
Frankfurt/Main
Layout: Eleonorensatz, Hannover
Druck und Bindung: Nexus Druck GmbH, Frankfurt/Main
Printed in Germany
ISBN 3-8257-0083-6

INHALT

Einleitung: Die Nationalisierung des Mythos 7

I. Die Edda in der frühromantischen Ästhetik 17

1. Kelten, Germanen und die Poetik des späten 18. Jahrhunderts 19
2. Alle Germanen werden Brüder: Johann Gottfried Herders kritische Exaltationen 21
3. Barde und Bürger: Friedrich Gottlieb Klopstocks poetisch-musikalische Evokationen des alten Deutschlands 24
4. Das Athenäum der Germanen: Mythos und romantische Ironie bei Friedrich Schlegel ...36

II. Die germanistische Rekonstruktion des Mythos 47

1. Die Brüder Grimm: Deutsche Philologie und Politische Romantik 49
2. Haus-Märchen: Bürgerliche Lesekultur und mythische Vorwelt 52
3. Das Alte Testament der Deutschen: Jacob Grimm als Mythologe 58
4. Erinnerung und Erlösung: Karl Simrocks mythischer Zeitbegriff 65

III Revolution und Aberglauben in der deutschen romantischen Oper 77

1. Die romantische Oper: Sozial-ästhetische Kontexte 79
2. Die Wolfsschluchten der Vernunft: Carl Maria von Webers »Freischütz« und seine Quellen 81
3. Deutsche Geschichts-Träume: Richard Wagners »Lohengrin« und Albert Lortzings »Regina« ... 97

4 »Johannisnacht!«: Richard Wagners »Meistersinger von Nürnberg« als mythologische Komödie 120

IV. Richard Wagner und der germanische Mythos 1848/49 139
 1. Der Mythos und Richard Wagners politische Ästhetik in den »Kunstschriften« 141
 2. Jesus und Siegfried. Richard Wagners dramatische Entwürfe 149

V. Das Nibelungenlied als deutsch-jüdischer Mythos 161
 1. Jüdische Nibelungenrezeption zwischen Emanzipation und Antisemitismus 163
 2. Wider die germanische Restauration: Saul Ascher und Heinrich Heine 165
 3. Vom Volksgeist zum Übermenschen: Heymann Steinthal und Samuel Singer 173
 4. Die Nibelungen als Ornament der Masse: Fritz Lang, Siegfried Kracauer und Lotte Eisner 177

VI. Christentum und »Deutsche Mythologie« in Richard Wagners »Parsifal« 185
 1. »Parzival«: Von Wolfram zu Wagner 187
 2. Karfreitagszauber: Mythen der Regeneration in Wagners »Parsifal« 189
 3. Die Nibelungen und der Gral: Richard Wagners arischer Mythos 198
 4. Die Politik des Grals: Richard Wagner und Ludwig II. 201

Literaturverzeichnis 211

EINLEITUNG

Die Nationalisierung des Mythos

Für die in der Französischen Revolution gipfelnde Epoche war nicht nur der radikale Umsturz überkommener Ordnungen im Namen einer neuen Zivilisation, sondern auch die Wiederentdeckungen vergangener Kulturen charakteristisch. Der romantische Rückgriff auf die Vergangenheit, der dem aufklärerischen Vorgriff auf die Zukunft entsprach, war dabei nicht restaurativ, sondern spiegelte die revolutionäre Umsetzung des Naturrechtes. Die revolutionären Ideologen verwendeten die griechisch-römische Geschichte der antiken Polis, um ihre politische Theorie zu bebildern und den Massen zu vermitteln.[1] Aber schon im Vorlauf des 18. Jahrhunderts war die Historie Teil der philosophischen und poetischen Kritik am Bestehenden. Das naturhafte Leben des guten Wilden und des spartanischen Kriegers, die Weisheit des athenischen Philosophen und des indischen Heiligen, die nordische Einöde der schottischen Barden wie die erhabenen Wüstenlandschaften der arabischen Poeten bildeten alternative Lebensformen zu einer Zivilisation, deren höfische Verstellung, religiöse Orthodoxie, domestizierte Kunst und monarchischer Despotismus als unerträglich empfunden wurden. Die archaischen Vorwelten traten als politische Symbole neben das antike Reich der Schönheit und des Bürgersinns. Die Intellektuellen erträumten sich in den alten Mythen ein ursprünglicheres, reineres, ideelleres und daher humaneres Menschsein. Der Mythos blieb der Garant einer besseren Welt, auch wenn ihre revolutionäre Umsetzung enttäuschen und entsetzen mußte. Vor allem in Deutschland wurde die revolutionäre Epo-

che zwiespältig erfahren und mythologisch reflektiert. Die Emanzipation durch und die Befreiung von Napoleon, das Erwachen und Scheitern der bürgerlichen Revolution, die Erwartungen und Schrecken der Industrialisierung, die Entdeckung der nationalen Einheit und der sozialen Frage erwiesen sich gleichermaßen als mythenbildend.[2] Die neuere historische Forschung hat hier auf die Verbindung zwischen Liberalismus und Nationalbewußtsein hingewiesen, wie sie sich im Mythos der germanischen Freiheitsliebe niederschlug.[3]
Die romantischen Gelehrten schufen mit der »Deutschen Mythologie«, die von Göttern und Helden der germanischen Vergangenheit handelte, eine ideale Projektionsfläche für Furcht und Hoffnung des 19. Jahrhunderts. Die »Deutsche Mythologie« ist dabei eine antiquarische und literarische Erfindung, die als religionsgeschichtliche Erscheinung nicht existiert hat.[4] Denn anders als die Griechen gelangten die Germanen nie zu einer Vereinheitlichung und Systematisierung ihrer Religion, wie sie die schriftliche Dokumentierung ermöglicht. Die germanischen Dialekte wurden erst im Rahmen der christlichen Mission und lateinischen Bildung verschriftlicht, die das Heidentum bekämpften. Schon deshalb sind die vorchristlichen Mythen und Kulte der Germanen nicht aus direkten Zeugnissen, sondern allein aus den fremdsprachigen Berichten griechisch-römischer Ethnographen zu erschließen. Für die Formierung einer kollektiven Identität der Deutschen, wie sie sich in den Bildungsschichten vollzog, spielte allerdings die deutsche Sprache eine zentrale Rolle. Denn die Erfindung eines nationalen Bewußtseins in Deutschland mußte ohne die identifikatorischen Faktoren der territorialen Einheit, der parlamentarischen Institution und sogar des religiösen Bekenntnisses auskommen. Die Deutschen konnten sich am ehesten als Kollektiv verstehen, wenn sie sich auf das Deutsche als die Grundlage ihrer Kommunikation bezogen, zumal diese Sprache im 18. Jahrhundert zu weltliterarischer Bedeutung gelangte.

Die entstehende Germanistik unternahm es, die Ursprünge der deutschen Kultur in diesem Sinne zum Sprechen zu bringen. Wenn die zeitgenössischen Dichter ebenfalls die altgermanische Welt imaginierten, mußte es zu Interferenzen zwischen wissenschaftlicher Rekonstruktion und poetischer Fiktion kommen. Die historische Forschung sollte die normativen Grundlagen der germanischen Gesellschaft in Religion und Dichtung, Recht und Moral rekonstruieren. Der Mythos wurde dabei als eine poetische Form der kollektiven Erinnerung entdeckt, die weit hinter die Christianisierung zurückreichen und allen germanischen Stämmen gemeinsam sein sollte. Die religions- und sprachgeschichtlichen Spekulationen über die gemeinsame Herkunft der indo-europäischen Völker gingen in den politischen Mythos des Ariertums ein, das schließlich als biologische Rasse aufgefaßt wurde.[5]
Die Konstruktion des Germanentums als Grundlage der deutschen Identität überbrückte auf diese Weise geographische und historische Distanz wie auch gesellschaftliche und kulturelle Differenzen. So konnten die altisländischen Texte der Edda, die eine gelehrt-humanistische Rezeption der germanischen Überlieferungen unter den besonderen Bedingungen der hochmittelalterlich-christlichen Zivilisation Skandinaviens spiegeln, als urzeitliche Denkmäler der »deutschen Mythologie« herangezogen werden.[6] Die skandinavischen Mythen wurden dabei mit religiösen Vorstellungen der südgermanischen Stämme identifiziert, von denen sich die Deutschen allenfalls geographisch-genealogisch herleiten können. Da die südgermanische Religion nur noch höchst bruchstückhaft aus den Beschreibungen der antiken Ethnographen und christlichen Missionare bekannt ist, suchten die deutschen Mythologen der Romantik nach anderen Quellen. Die Heldensagen der Völkerwanderungszeit, die höfische Epik und die Rechtsbücher des Mittelalters sowie Märchen und Bräuche der bäuerlich-dörflichen Lebenswelt, die in der vorindustriellen Gesellschaft noch lebendig waren,

verstanden die Brüder Grimm als Ausdruck des Germanisch-Deutschen. Diese historische Konstruktion setzte der Germanist Karl Simrock literarisch um und machte sie bei einem größeren Publikum populär. Die freien Übersetzungen und zyklischen Kompositionen der deutschen Heldensagen und Ritterepen ließen die nur noch den Philologen durchschaubaren Probleme der sprachlichen Gestalt und Überlieferungslage des Textes vergessen. Und das deutsche Bürgertum konnte erstmals den Eindruck gewinnen, die nationale Überlieferung in der eigenen Sprache lesen zu können.
Als Friedrich Gottlieb Klopstock versuchte, den germanischen Mythos dichterisch zu gestalten, konnte er sich noch nicht auf die historisch-philologischen Materialmassen der Germanistik stützen und durften noch nicht auf das kollektive Geschichtsinteresse der zweiten Hälfte des 19. Jahrhunderts rechnen. Das Gleiche gilt für die exemplarische Auseinandersetzung mit der germanischen Mythologie in den Hörsälen und auf den teilweise imaginären Bühnen der frühromantischen Ästhetik. Erst Richard Wagner gelang es, die deutsche Sage als Thema des avancierten Bühnenschaffens durchzusetzen. Der Mythos wurde zum Modell des Musikdramas, das Kunst und Gesellschaft radikal erneuern sollte. Die nordischen Götter und Helden treten in den Dienst eines revolutionären Programmes, das die traditionellen Herrschaftsstrukturen und die christlich- bürgerliche Moral wie auch die gesellschaftliche Entfremdung in der modernen Industriegesellschaft überwinden sollte.
Die Rezeption der germanischen Mythologie verbindet sich dabei mit dem romantischen Phänomen der Kunstreligion.[7] Das späte 18. Jahrhundert ließ die Kunst als autonome Wertsphäre in Konkurrenz mit der institutionalisierten Religion treten. Die ästhetische Repräsentation des Heiligen nutzte die Entdeckung der Mythologie als archaische Chiffre einer von der biblischen Tradition unabhängigen Religiosität, wobei sich verschiedene Grade der Mischung von Mythos

und Christentum ausmachen lassen. Friedrich Schleiermacher hat in seinen »Vorlesungen über Religion« die zeitgenössische Ersetzung der Theologie durch die Ästhetik auf den Begriff gebracht. Wenn die romantische Kunstphilosophie die Musik zum bevorzugten Medium des göttlich Transzendenten machte, bereitete sie das ästhetische und weltanschauliche Konzept des *Gesamtkunstwerks* vor, das religiöse und soziale Aspekte integrierte. Während die Frühromantik ihre religiöse Ästhetik als individualistische Erfahrung konzipierte, wollen die musiktheatralischen Umsetzungen des germanisch-deutschen Mythos ein kollektives Selbstverständnis gestalten. In diesem Sinne kann man die Rezeption der deutschen Mythologie im 19. Jahrhundert als Erfindung einer nationalen Kunstreligion bezeichnen.

Das Projekt einer religiösen, ästhetischen und politischen Selbstdefinition durch die vorchristlich-germanische Überlieferung begeisterte auch das deutsche Judentum, welches in weiten Kreisen seinem traditionellen Glauben entfremdet war und Wege der bürgerlichen Assimilation suchte. So spiegelte das literarische Schaffen Heinrich Heines die Problematik deutsch-jüdischer Identität, die er zum Exempel von Modernität gestaltete, immer wieder in den Sagen der germanischen Götterwelt, die wie zuvor die griechische Mythologie vom Christentum ins Exil gedrängt worden war.[8] Aber auch die mythische Projektion eines deutschen Wesens, wie sie vor allem die Wirkungsgeschichte des Nibelungenliedes kennzeichnet, wurde im deutschen Judentum nachvollzogen, das wesentliche Beiträge zur wissenschaftlichen und literarischen Rezeption dieses Textes leistete. Die Heroisierung der deutschen Kultur und ihres politischen Machtanspruchs, der sich in den Figuren des Epos niederschlagen sollte, wurde dabei teilweise identifikatorisch aufgenommen, aber auch kritisch reflektiert.

Das Werk Richard Wagners verknüpfte die germanisch-deutsche Sage dagegen mit asiatischen, griechischen und christlichen Überlieferungen. Die antisemitischen Äußerungen des Komponisten konnten davon ablenken, wie stark seine Spekulationen über den urzeitlichen Sündenfall und die künftige Regeneration der Menschheit von den religiösen Überlieferungen des Judentums profitierten. Die ideologische Instrumentalisierung der Werke Richard Wagners durch den Nationalsozialismus, die international ungebrochene Faszination der Mythen Bayreuths ebenso wie die Wiederbelebung germanischer Religiosität durch New Age und die Neue Rechte fordern eine differenzierte Betrachtung der historischen Hintergründe dieses Phänomens heraus.[9]

---

[1] Vgl. etwa Jean Starobinski, 1789. Die Embleme der Vernunft, München o.J.; Elmar Stolpe, Klassizismus und Krieg. Über den Historienmaler Jacques-Louis David, Frankfurt a.M./New York 1985.

[2] Vgl. George L. Mosse, Die Nationalisierung der Massen. Von den Befreiungskriegen bis zum Dritten Reich, Berlin/Wien 1976. Vgl. Jörg Echternkamp, Der Aufstieg des deutschen Nationalismus (1770-1840), Frankfurt a.M./New York 1998.

[3] Vgl. Jörg Echternkamp, Der Aufstieg des deutschen Nationalismus (1770-1840), Frankfurt a.M./New York 1998.

[4] Vgl. Klaus von See, Barbar, Germane, Arier. Die Suche nach der Identität der Deutschen, Heidelberg 1994.

[5] Vgl. Leon Poliakov, Der arische Mythos, Hamburg 1993.

[6] Vgl. Klaus von See, Mythos und Theologie im skandinavischen Hochmittelalter, Heidelberg 1988; Julia Zernack, »Germanische Restauration und Edda-Frömmigkeit«, in: Richard Faber (Hrsg.), Politische Religion – religiöse Politik, Würzburg 1997, S. 143-160.

[7] Vgl. Carl Dahlhaus, Die Idee der absoluten Musik (1978), 3. Auflage, Kassel 1994, S. 62-104.

[8] Vgl. Markus Winkler, Mythisches Denken zwischen Romantik und Realismus. Zur Erfahrung kultureller Fremdheit im Werk Heinrich Heines, Tübingen 1995.

[9] Vgl. Friedrich Wilhelm Haack, Wotans Wiederkehr. Blut-, Boden- und Rasse-Religion, München 1981.

I. Die Edda in der frühromantischen Ästhetik

1. Kelten, Germanen und die Poetik des späten 18. Jahrhunderts

Die Begeisterung für die nordgermanische Mythologie der Edda ist keine spezifisch deutsche Erscheinung, sondern hat ihre zeitgenössischen Entsprechungen in England und Frankreich. Der geistige Hintergrund der Germanenrezeption im späten 18. Jahrhundert ist die internationale Mode des Ossianismus, die John Macpherson durch die Veröffentlichung seiner »Fragments of Ancient Poetry Collected in the Highland of Scotland« von 1760 auslöste.[1]
Die mythologischen Dichtungen des fiktiven Barden Ossian, von denen der Autor noch »Fingal« (1762) und »Temora« (1763) folgen ließ, machten die antike Kultur und Religion der Kelten zum festen Bildungsbestand, obwohl von ihr – ebenso wie von der germanischen – kaum authentische Zeugnisse existieren.
Zahlreiche Autoren berufen sich auf diese ursprüngliche Poesie und ihre naturnahe Wahrhaftigkeit, um gegen den klassischen Kanon der Poetik zu rebellieren, der die Nachahmung der antiken Dichtkunst als verbindlich ansah. In Frankreich hatte diese literaturästhetische Kontroverse einen langen Vorlauf in der *querelle des anciennes et modernes*. In Deutschland wurde die Kritik des Klassizismus durch die Bewegung des *Sturm und Drang* und ihren Anspruch bedingungsloser dichterischer Originalität virulent, der gegen das poetische Regelsystem der Aufklärung gemünzt war. Der Geniekult rekurrierte dabei gerne auf prophetische Figuren

aus den Frühzeiten der Menschheit. Der Glaube an eine göttliche Begeisterung des Dichters in den archaischen Kulturen, die von den Mythen bezeugt wird, bildete fortan ein konstitutives Element der romantischen Kunstreligion. Die Barden und Seherinnen der Germanen, von denen römische und skandinavische Texte berichten, wurden als Urbild eines priesterlichen Dichtertums verstanden.[2]

Während die Debatte um die normative Begründung der Poesie zunächst internationale Dimensionen hatte, verengte sie sich in ihrer deutschen Rezeption immer mehr auf die Begründung einer Nationalliteratur.[3] Die Kritik an der Vorbildfunktion der französischen Klassik wurde so durch eine negative Besetzung dieser Kultur aufgeladen. Die höfische Zivilisation Frankreichs, die den sozialen Kontext der Kunst von Autoren wie Racine, Corneille und Molière bildet, wurde als Abfall von der wahren Natur des Menschen hingestellt. Der emanzipatorische Anspruch der Dichtung sollte dagegen sittlichen Heroismus unter den gesellschaftlichen Bedingungen bürgerlicher Existenz zeigen. Während die antiken Themen der tragédie classique einer aristokratischen Konvention verpflichtet waren, konnte das rein humane und zugleich nationale Ethos in den mythischen Ursprüngen der nordischen Dichtung entdeckt werden.

Die nationalhistorische Zuordnung der nordgermanischen Überlieferung war allerdings nicht selbstverständlich, da die Edda mit der frühen Zivilisation der Kelten in Verbindung gebracht wurde. Die Begeisterung für die nordische Überlieferung empfing in dieser Hinsicht wichtige Impulse aus Nord- und Westeuropa. So förderte der dänische König Frederik V. die Beschäftigung mit den skandinavischen Altertümern. In Frankreich begeisterten sich Rousseau und Montesquieu für die germanische Urkultur. Die dänische Edda-Mode des 19. Jahrhunderts belegen etwa die Opern und Ballette, die am Hoftheater in Kopenhagen aufgeführt wurden, so etwa im Jahre 1779 die Tragödie

»Balders Tod« von Johannes Ewald mit der Musik von Johann Ernst Hartmann.

2. Alle Germanen werden Brüder: Johann Gottfried Herders kritische Exaltationen

Als eine der wichtigsten Quellen der Germanophilie erwies sich die Abhandlung »Monuments de la Mythologie et de la Poesie des Celtes particulièrement des anciens Scandinaves«, die der in Kopenhagen lehrende Genfer Paul Henri Mallet 1756 veröffentlichte und die 1763 ins Deutsche übertragen wurde. Die begeisterte Rezension der Werke Mallets durch Johann Gottfried Herder belegt, wie die europäische Edda-Rezeption für eine Nationalisierung der Poesie nutzbar gemacht und dabei germanozentrisch verengt wurde. Grundsätzlich ist Herders Zugang von einer Faszination durch die verschiedenen frühzeitlichen Zivilisationen bestimmt, die kulturelle Unterschiede überbrückt, analoge Entwicklungen betont und sich die anderen Traditionen produktiv anzuverwandeln sucht. Herders Hermeneutik der kongenialen Aneignung des Fremden konnte aber als Vereinnahmung und Enteignung der anderen Kultur mißverstanden und politisch instrumentalisiert werden. Über Mallets »Introduction à l'histoire de Dannemarc« (1755) schreibt Herder: »Die Verehrer der Alterthümer werden hier auf das feierlichste Feld geführt, voll Ehrwürdiger Monumente der Skandinavier, und fühlen wir unser Deutsches Blut, daß unsre alten Germanier Brüder der tapferen Dänen, an Religion, Gesetzen, Sitten und Gewohnheiten gewesen sind«.[4] So stellt bereits Herder den Gleichklang zwischen nordischer, germanischer und deutscher Identität her, der im späteren 19. und 20. Jahrhundert immer wieder propagandistisch eingespielt wurde. Aus seiner persönlichen Begeisterung für die skandinavische Geschichte folgert der Autor eine kollektive Affinität des Germanisch-Deutschen zum Dänisch-Skandinavischen. Die kulturgeschichtlichen Entsprechungen zwischen nord- und südgermanischer Kultur deutet Herder dabei im Sinne einer natürlichen Kohärenz und Verwandtschaft, die völkisch und rassistisch aufgefaßt werden konnte. Herder übergeht die zahlreichen kriegerischen Auseinandersetzungen zwischen Dänemark und dem römischen Reich deutscher Nation im Mittelalter. Während die Missionierung der heidnischen Dänen, wie sie Adam von Bremen in seiner »Hamburgischen Kirchengeschichte« beschreibt, rechtsförmige Zustände förderte, stellten die Überfälle der skandinavischen Wikinger einen Rückfall dar. Die historische Konfliktlage idealisiert Herder durch die Fiktion einer zeitlosen Überidentität des Germanismus.

Das Interesse Herders an der Geschichte Nordeuropas ist aber nicht in erster Linie ein politisches Mittel, sondern Anlaß für mythische Imagination und poetische Inspiration: »Man lieset also diese Einleitung in den Zustand des alten Skandinaviens mit Ehrfurcht und Aufmerksamkeit, als wenn man Götter hervorsteigen sähe«.[5] Wie Herder aus der dänischen Geschichte die Identität von Skandinavischem und Deutschem erweisen will, setzt seine Bewertung von Mallets Darstellung der Edda auch Keltisches und Germanisches in eins. Herders poetisch-theologische Interpretation der Skaldendichtung enthält hier eine Spitze gegen die klassizistische Dichtung und ihren Bezug auf die römische Antike. Nach Herders Auffassung »empfiehlet sich dies Werk den Liebhabern der Dichtkunst durch die Mythologie der alten Celten, die sie Edda nannten: Diese ist theils eine Erklärung ihrer Poetischen Ausdrücke von der Religion, und also eine Kette von Wundergeschichten, die die Entstehung der Welt und die Thaten ihrer Götter erzählen: theils eine Probe von ihren alten Gedichten [...] Es kann dies Buch eine Rüstkammer eines Deutschen Genies seyn, das sich auf den Flügeln der Celtischen Einbildungskraft in neue Himmel erhebt und Gedichte schaffet, die uns immer angemessener wären, als die Mythologie der Römer«. Herder liest die

Edda im Horizont eines Dichtungsideals des Erhabenen und Wunderbaren, wie sie die ästhetische Theorie des *Sturm und Drang* gegen die Vernunft- und Nützlichkeitspostulate der Aufklärungspoetik vertrat. Wenn er die nordische Mythologie zum Vorbild der deutschen Dichtung macht, will er sie nicht als Kanon verbindlich machen, wie ihn die Vertreter einer Nachahmung der Antike vorschrieben. Vielmehr soll sich der individuelle dichterische Genius an den skandinavischen Altertümern entzünden und dabei zugleich ihren historischen Horizont in Richtung bisher ungeahnter religiös-ästhetischer Sphären überschreiten. Von dem Lehrbuchwissen der römischen Mythologie sei dagegen die erweckende Wirkung einer solchen Himmelfahrt nicht zu erwarten.

Wenn der Dichter aber auf diese Weise die mythische Erbmasse aktiviert, fokussiert er zugleich die kollektive Einfühlung seiner Nation. So kann Herder von einem deutschen Genialismus sprechen, der sich aus dem Pangermanismus speist und das antik keltische Dichtungs- und Religionssystem umgekehrt erst befruchtet. Der visionäre Ausblick am Ende der Rezension führt die universellen und nationalisierenden Aspekte der Herderschen Edda-Deutung zusammen. »Vielleicht fängt sich eine neue Poetische Periode unter uns an, da die Edda, der Fingal und die Arabische Chrestomathie Prof. Michaelis den Weg dazu öffnen«.[6] Das Nebeneinander vorchristlich-nordischer und vorislamisch-arabischer Welt überrascht dabei nur auf den ersten Blick. Denn in beiden Gesellschaften wurde die Dichterfigur als Mittler der Heiligen und Führer des Volkes angesehen.[7]

Herders unkonventionelle Aufzählung der möglichen literaturgeschichtlichen Koordinaten einer künftigen Poesie enthält dabei einen häretischen theologischen Subtext, der sich aus der Forschungsgeschiche ergibt. So will Herder durch den Verweis auf das arabische Heidentum auch die biblische Religion in seine Kunstmythologie einbauen. Denn der Göttinger Theologe und Orientalist Johann David Michaelis suchte im frühzeitlichen Arabertum einen Zugang zu der hebräischen Dichtung des Alten Testaments.[8] Während sich Herder von der Rekonstruktion der nordischen Mythologie eine Wiederbelebung der germanischen Moralität erhoffte, konnte er hier ein Verständnis des biblischen Glaubens jenseits der christlichen Orthodoxie finden. In der Summe ergibt sich also das durchaus brisante Projekt einer nationalen Poesie und Religion aus altgermanischen und altjüdischen Quellen, die den Deutschen »angemessener« wäre als die entsprechenden Angebote der Aufklärung. Die dichterische Genialität gewinnt dabei über das rein Ästhetische hinaus auch ethisch-weltanschauliche und sozial-politische Implikationen. Das national-religiöse Dichtungskonzept Herders vollzieht aber keine nationalistische Abdichtung und ideologische Zementierung der eigenen Kultur, sondern konstituiert sich in einem komplizierten Beziehungsgeflecht von Innen und Außen, Identität und Fremdheit. So kann sich der Autor bei seinen Rückgriff auf die Edda freimütig in den internationalen Zusammenhang des Ossianismus und Orientalismus stellen. Die Verherrlichung des Ursprünglichen ermöglicht es, die historische Distanz zu fremden Lebenswelten aufzuheben, weil diese gerade aufgrund ihrer zeitlichen Ferne keine Konkurrenz zur eigenen Identität darstellen und sogar gegen andere Entwürfe der Nationalliteratur im 18. Jahrhundert gewendet werden können.

3. Barde und Bürger:
   Friedrich Gottlieb Klopstocks poetisch-musikalische Evokationen des alten Deutschlands

Friedrich Gottlieb Klopstock konnte aufgrund der Thematik und Wirkung seines Werkes wohl als erster den Titel eines deutschen Nationaldichters in Anspruch nehmen. Der weltanschauliche Anspruch der poetischen Genialität zeigte sich in Klopstocks Idee einer *heiligen Poesie*, welche die religiösen Stoffe eigenständig fortdenkt. Klopstock verwirklichte dieses Konzept in seinem epischen Lebenswerk »Der Messias«, das die christliche Erlösungsgeschichte in teilweise häretischer Weise reformuliert.[9] Neben der antiken griechischen Poesie und der biblischen Dichtung, besonders auch des Alten Testaments, spielt die Edda in Klopstocks Dichtungen eine zentrale Rolle. Auch der deutsche Dichter erwarb seine Kenntnis der skandinavischen Mythologie in Kopenhagen, wo er den geistigen Mittelpunkt eines die nordischen Altertümer pflegenden Kreises im Hause des Grafen Bernstorff bildete. Wie Herder profitierte Klopstock vor allem von den Werken Mallets, wie sich in seiner Gleichsetzung der Germanen und Kelten zeigt.

Das poetologische Programm dieser antiquarischen Entdeckung entwickelt Klopstocks Gedicht »Der Hügel und der Hain«. Der antike Musenberg des Helikon wird hier den altgermanischen Baumheiligtümern entgegengestellt. Die Kraft der Inspiration, welche der Dichtung sakralen Anspruch verleiht, wird ins Bild des begeisternden Göttertrankes gefaßt. »Des Hügels Quell ertönet von Zeus,/Von Wodan der Quell des Haines«. Im Wettgesang eines humanistischen Poeten, eines patriotischen Dichters und eines frühzeitlichen Barden wird verhandelt, wie sich ein normatives Konzept von Tradition als Erinnerung und Nachahmung konstituiert. Während das nationale Gedächtnis auf einer affektiven Beziehung zum Erinnerten beruht, lassen sich auf dem Wege der Kopie beliebige kulturelle Muster aneignen. Die kulturelle Erinnerung ist dabei durch Prozesse des kollektiven Vergessens bedroht, die durch ideologisch gelenkte Akte der Traditionsvernichtung, strukturelle Wandlungen des gesellschaftlichen Selbstverständnisses oder traumatisch-unbewußte Verdrängungsmechanismen in Gang gesetzt werden können. Die aus ihrem ursprünglichen sozialen Zusammenhang gelösten ästhetischen Formeln, zeichnen sich dagegen durch größere mnemotechnische Resistenz aus als die

an bestimmte historische Identitäten gebundenen nationalen Bilder und Geschichten. Die klassizistischen Matrizen reproduzieren so eine kulturelle Hegemonie, da sie nicht nur weithin exportierbar, sondern auch mit neuen Bedeutungen aufladbar sind. Klopstocks »Der Hügel und der Hain« kontrastiert diese Perspektiven. Zu Beginn fordert der Poet von dem Dichter: »Höre mich! Mich hörten die Welteroberer einst,/Und viel' Olympiaden hörtet, ihr Celten, mich schon«. Der Dichter hält dagegen: »Auch meinem Vaterland sangen Barden,/Und ach, ihr Gesang ist nicht mehr! [...] Lange Jahrhunderte schon/Hat ihn in ihre Nacht hinab/Gestürzt die Vergessenheit./Und in öden dunkeln Trümmern/Der alten Celtensprache/Seufzen nur einige seiner leisen Laute,/Wie um Gräber Todesstimmen seufzen.«
Die Verbindlichkeit einer poetischen Tradition erscheint hier als ihre sprachlich-musikalisch Gestaltung. Erst im performatorischen Akt wird das Gedächtnis zur lebendigen Erfahrung. Die literarische Tradition der nordischen Mythologie kann aus dieser Perspektive nur als antiquarischer Schutt gelten, der kaum gesangliche Resonanzkraft aufweist und allenfalls ein Lamento inspirieren kann. Allerdings enthalte die germanische Dichtung eine Erinnerung an Formen expressiver Mitteilung, die der lebendigen Natur näher wären als die antikisierende Verskunst. Die »Künstlichkeit« einer Dichtung, die nicht auf originalem Ausdruck beruht, wird mit der virtuosen Gesangstechnik des Belcanto verglichen, die sich an die antiken Stoffe der opera seria knüpfte. Klopstocks Dichter kann also dem Poeten gebieten: »Schweig'! Ich bilde mir ein Bild/Jenes feurigen Naturgesanges./Unumschränkter ist in deinem Herrscherin,/Als in des Barden Gesange, die Kunst./Oft stammeltest du nur die Stimme der Natur;/Er tönet sie laut ins erschütterte Herz.« Der artifizielle Schönklang kann aber nur scheinbar den Naturlaut übertönen, der mythische Schichten der Humanität berührt. Die sinnliche Evidenz der germanischen Über-

lieferung stellt das Gedicht durch ein evokatorisches Ritual her, wenn der Dichter den Geist eines Sängers der Vorzeit herbeiruft, um die selbstbewußten Koloraturen des Poeten zum Verstummen zu bringen: »So erhebe sich aus der Trümmer Nacht der Barden einer,/Erschein' und vernichte dich!« Der Barde kann die längst verblichenen germanischen Götter und Kulte in einer Konkretion beschwören, die der antiken Bildkunst in Nichts nachsteht und den Dichter zum Schluß kommen läßt: »Weck' ich aus dem alten Untergange Götter/Zu Gemälden des fabelhaften Liedes auf:/So haben die in Teutoniens Hain/Edlere Züge für mich«. Die sprachliche und plastische Imagination der germanischen Götter, die sie dem griechischen Pantheon ebenbürtig erscheinen läßt, wird aber noch durch ihre rein musikalische Vergegenwärtigung überboten. Die nonverbale Tonkunst wird zum Medium des Mythos. Der Schluß des Gedichts stellt das Instrumentarium des griechischen Poeten und des germanischen Barden gegenüber, der mit dem Namen Braga angerufen und so als Gott der Dichtkunst offenbart wird. Der Dichter spricht: »Ich seh', an den wehenden Lorber gelehnt,/Mit allen ihren goldenen Saiten,/O Grieche, deine Leyer stehn/Und gehe vorüber. /Er hat sie gelehnt an den Eichensproß, /Des Weisen Sänger und des Helden, Braga, die inhaltsvolle Telyn. Es weht/Um ihre Saiten, und sie tönt von sich selbst: Vaterland«. Die griechische Lyra bleibt stumm, wenn sie nicht als Begleitung eines kunstfertigen Sängers fungiert. Das archaische Instrument des Barden wird dagegen selbst zum Medium der Offenbarung eines nationalen Enthusiasmus. Während die Musiktheorie der Aufklärung die Instrumentalmusik herabsetzte, da ihr die sprachlich-didaktische Abzweckung fehlt, macht Klopstock die absolute Musik im Sinne der Frühromantik zum Medium des Heiligen.[10] Im Bild des vom Winde zum Sprechen gebrachten Saitenspiels baut Klopstock einen Akkord von Mythos, Natur und nationaler Identität auf, der im 19. Jahrhundert immer wieder anklingen wird. Die Dichter des *Göttinger Hains* nannten ihren Bund nach dem Titel des Klopstockschen Gedichtes und setzen dessen germanisch-patriotische wie empfindsam-religiöse Programmatik im Bereich der Naturlyrik fort.

Von noch größerer Bedeutung für die Germanenrezeption in Deutschland war aber Klopstocks dramatische Trilogie über Herrmann den Cherusker, der die germanischen Stämme zum Sieg gegen die römischen Legionen führte, aber am Machtstreben der anderen Fürsten scheitert. Klopstocks Dramen »Hermanns Schlacht«, »Hermann und die Fürsten« und »Hermanns Tod« entwerfen dabei auf der Grundlage akribischen Quellenstudiums eine überaus suggestive Bühnenvision des germanischen Altertums, die in charakteristischer Weise von den gängigen Formen der klassischen Tragödie französischer Provenienz abweicht. Die Hermann-Trilogie verfolgt dabei eine politische Absicht, die das demokratische Staatswesen der alten Deutschen gegen die absolutistische Herrschaftsform der Gegenwart stellt.[11] Die Heroisierung der Germanen trägt dabei keine nationalistischen Züge, da sie keine Herrschaftsansprüche über andere Völker legitimiert. Der Freiheitskampf des germanischen Volkes gegen die römische Weltmacht wird dagegen zum Vorbild der bürgerlichen Emanzipationsforderungen.

Die germanischen Barden macht Klopstock zum Modell für den politischen Anspruch des zeitgenössischen Dichters, Gelehrten und Intellektuellen. Die altdeutschen Dichter hätten die sozialen Werte ihrer Gesellschaft zum Ausdruck gebracht und autoritativen Einfluß auf die Regierenden ausgeübt. Die germanische Religion spielt dabei eine zentrale Rolle in Klopstocks Hermanns-Dramen und wird zum Ideal eines nationalen Kultes erhoben. Da sich Klopstock als christlicher Dichter verstand, ging es ihm freilich nicht um eine neuheidnische Wiedererweckung des Germanentums. Der Glaube der Germanen wird aber auch nicht einfach als Vorform des Christentums reklamiert[12], sondern in seiner historischen Eigenart ernst genommen. Wenn

Klopstock in den Ausgaben seiner Dramen Teile der Hermann-Trilogie neben Werke mit alttestamentlichen Themen stellte, ging es ihm vielmehr um eine komparative Betrachtung der Religion in frühen Gesellschaften, wie sie sich auch bei Herder findet. Die detaillierte Darstellung des germanischen Gottesdienstes in »Hermanns Schlacht« ist von besonderem Interesse, da über diesen Bereich kaum Historisches bezeugt ist. Der fiktive Germanenkult trägt wiederum ein poetisch-musikalisches Gepräge und nimmt direkten Einfluß auf die politische Wirklichkeit der Nation.
Die Handlung spielt auf einem Felsen über dem Schlachtfeld, wo die Trümmer eines Altares zur Kultstätte hergerichtet werden. Auf dem Höhepunkt der Schlacht wird ein Adler geopfert. Der dichterische Enthusiasmus steht dabei als religiöse Aussage gleichberechtigt neben der eigentlichen Kulthandlung. Der Oberpriester Brenno spricht: »Opfert sehr ernstvoll, Druiden! und ihr, o Barden, überlaßt euch heut eurer Begeistrung ganz! Unsere Väter und Brüder bluten! Eure Gesänge stärken des Streitenden Arm. Viel Blut der Eroberer muß heut durch eure Gesänge fließen [...] Beginnt Chöre« (2. Szene). Obwohl die Dichter dem Laienstand angehören, sind sie für die ästhetische Vermittlung der religiösen Botschaft von zentraler Bedeutung. Der Gesang der Barden beschwört Wodan, zugunsten der germanischen Stämme in die Schlacht einzugreifen. Klopstock wählt hier die korrekte Bezeichnung des Hauptgottes der Südgermanen, der dem bekannteren skandinavischen Odin entspricht. Dabei überträgt er die Attribute des nordischen auf den »deutschen« Göttervater, zumal sich von dem letzteren nur bruchstückhafte Überlieferungen erhalten haben. Die mythischen Symbole der numinosen Macht werden dabei als Naturerscheinung interpretiert. »Ruf' in des Widerhalls Felsengebirg/Durch das Graun des nächtlichen Hains/Daß dem Streiter vom Tiberstrom'/Es ertöne wie ein Donnersturm! [...] Die Räder an dem Kriegeswagen Wodans/Rauschen wie des Walds Ströme die

Gebirge herab!/Wie schallt der Rosse gehobener Huf!/Wie weht die fliegende Mähne im Sturm« (2. Szene). Diese poetische Gotteserfahrung entspricht Klopstock religiösem Weltbild, das die Offenbarung in der physikalischen Ordnung wahrnimmt und das empfindsame Naturerlebnis sakralisiert. So nimmt in der berühmten »Frühlingsfeier« das lyrische Ich im Gewitter die Allmacht des biblischen Gottes wahr.

Die universelle Übersetzbarkeit der religiösen Vorstellungen zeigt sich in Klopstocks Stück, wenn Hermanns Vater, Siegmar, den Gott Jupiter als den »Wodan« der Römer bezeichnet, »der auf dem Capitol die Donner hält« (1. Szene). Der römische Mythos wird nicht als solcher herabgesetzt. Vielmehr wird gegen die religiöse Legitimierung despotischer und imperialistischer Herrschaftsansprüche polemisiert, wie sie im Kaiserkult Gestalt gewinnen: »Kriecht um den hohen Augustus!/Macht ihn zum Gott' und weihet ihm Priester!/Räuchert auf dem Altar des hohen Augustus!« (2. Szene). Andererseits wird auch der römische Tyrannenmörder Brutus als Held angesehen, »der werth wär', ein Nachkomme Thuiskons« (1. Szene), des legendären Ahnherrn der germanischen Stämme, zu sein. Das Stück ordnet also den nationalen Mythos der republikanischen Tendenz unter. Ebenso wird der germanische Kult nicht als zeitloses Ideal hingestellt, sondern in seinen verschiedenen religiösen Aspekten und ihrer Entwicklung differenziert betrachtet. So werden inhumane Bräuche wie der Freitod eines Kämpfers nach dem Tod seines Kampfgefährten, das Gottesurteil durch Loswurf oder das Menschenopfer im Stück kritisiert und sogar ausgesetzt. Nach dem Sieg fordert Hermanns Mutter, Bercennis, von dem Feldherrn, die gefangenen Römer als Rache für seinen gefallenen Vater zu töten. Hermann weigert sich und begründet seine Entscheidung im Sinne einer vernünftigen und empfindsamen Gläubigkeit: »Ich kenne Wodan, und ich weiß, daß er das Mitleid liebt! Und Dieß rufet mein Herz !aut mir zu!« (14. Szene). Klopstock deutet die germanische

Religion im Lichte einer subjektivistischen Reformation und ästhetischen Transformation des Religiösen, die sich auch auf das Christentum erstrecken soll.
So entwickelte Klopstock in seiner »Einleitung zu den Geistlichen Liedern« von 1758 eine Reform des Gottesdienstes, die sich auf die Beschreibung des germanischen Kultes in »Hermanns Schlacht« beziehen läßt. »Die Anbetung ist das Wesentlichste des öffentlichen Gottesdienstes. Denn, obgleich die Taufe und das Abendmahl aus sehr guten Ursachen mit demselben verbunden werden, so kann man sie doch, da sie mehr ein Genuß göttlicher Gnaden, als ein Bekenntnis Gottes sind, nicht im eigentlichen Verstande Gottesdienst nennen. Das Singen ist wiederum der wichtigste Teil der Anbetung, weil es das laute Gebet der Gemeinde ist, welches sie mit mehr Lebhaftigkeit bewegt, als das still nachgesprochene oder nur gedachte Gebet. Die unterrichtende Ermahnung des Predigers ist, ihres großen Nutzens ungeachtet, kein so wesentlicher Teil des Gottesdienstes.«[13] Klopstock stellt die Bedeutung des kollektiven Gebetes, das sich im Gesang äußert, über die rituellen und diskursiven Elemente des Gottesdienstes. Die einseitige Betonung der religiös-moralischen Belehrung, vor allem im protestantischen Kultus, erklärt Klopstock aus der mangelhaften Ausbildung der musikalischen Seite der Anbetung. Dieser Mißstand zeige sich vor allem darin, »daß die Musik der Instrumente, diese rührende Gefährtin des Gesanges, bei unserem Gottesdienste schweigt«. »Musik von ganz anderer Art (denn ist sie etwa allein für Konzerte und Opern so vollkommen in unseren Zeiten geworden?) sollte das Singen der Gemeinde begleiten; oder dann mit dem Chore gehört werden, wenn dies entweder mit der Gemeinde abwechselte oder für sich eine Musik auffführte: wiewohl dies letztere seltner, und nur auf kurze Zeit geschehn müsse, weil die Gemeinde mehr Anteil an dem Gottesdienst nehmen, als bloß zuhören will.« [14]
Als wichtigstes Vorbild der kultisch-musikalischen Poesie sieht Klopstock die Psalmen der jüdischen Bibel

an, die er in Gesänge und Lieder unterteilt. Die Gesänge preisen die übermenschliche Erhabenheit des alttestamentlich-jenseitigen Gottes, die sich in seinem vernichtenden Zorn offenbart. Die Lieder danken für die Barmherzigkeit und gnädige Zuwendung Gottes, wie sie sich den Christen in seiner Menschwerdung offenbart. Dem rhapsodischen Überschwang des Gesanges steht die gemäßigte Gefühls- und Tonlage des Liedes gegenüber. »Jener ist die Sprache der äußersten Entzückung oder der tiefsten Unterwerfung, dieses der Ausdruck einer sanften Andacht. Bei dem Gesange kommen wir außer uns. Sterben wollen wir und nicht leben! Bei dem Lieder zerfließen wir in froher Wehmut und erwarten unseren Tod mit Heiterkeit.«[15]
Der germanische Gottesdienst in Klopstocks »Hermanns Schlacht« besteht neben dem Opferritual hauptsächlich in der musikalischen Anbetung. Die Chöre der Barden wechseln dabei mit der ganzen Gemeinde ab. Die Sänger werden so aufgestellt, daß das kämpfende Heer akustisch in das Kultgeschehen einbezogen wird. »Barden, tretet mehr seitwärts, dicht an den Rand des Felsens, daß der Kriegsgesang lauter ins Tal schalle« (2. Szene). Nach Klopstocks Szenenanweisung soll das Ritual zusätzlich durch die Beteiligung von Orchester und sogar Ballett ausgestaltet werden. »Indem die Musik der Instrumente gehört wird, heben zwei Druiden die Schale mit dem Feuer, und zwei andere den Adler auf; vor ihnen tanzen die Opferknaben.« Interessanterweise zitiert Klopstocks Gesang der Barden einen poetischen Text des Alten Testaments, der den Kriterien des Autors für dieses literarische Genre des Erhabenen entspricht. Der 68. Psalm verherrlicht Gottes kriegerische Intervention gegen die Feinde Israels und vergleicht diese mit den entfesselten Naturkräften eines Gewitters. Klopstock konnte hier die mythische Vorstellung finden, daß Gott mit einem Streitwagen über das Firmament fährt und mit seinem Donnerruf das gegnerische Heer in die Flucht schlägt: »Er fährt einher durch die Himmel, die von Anbeginn

sind./Siehe, er läßt seine Stimme erschallen, eine gewaltige Stimme« (Psalm 68, 34).
Wie in den alttestamentlichen Gesängen soll die poetische Erfahrung des göttlich Erhabenen auch in der germanischen Dichtung den Wunsch fördern, das eigene Leben zu opfern. Das religiöse Martyrium wird in Klopstocks »Hermanns Schlacht« vom Chor politisch interpretiert. Jünglinge, Männer und Greise wollen »lieber sterben, als leben,/Wenn' s gilt für die Freiheit« (6. Szene). Die biblische Gattung des Liedes verwendet das Drama bei der musikalischen Totenfeier für Hermanns Vater, Siegmar. Die Agonie des Helden wird hier in empfindsamer Weise ästhetisiert und mythologisch überhöht. »Die Blum' auf dem Schilde Siegmars,/Da auf sie das Blut des Todes troff,/Da ward sie schön wie Hertha/Im Bade des einsamen Sees« (12. Szene).
Während Klopstock sich in der »Einleitung zu den geistlichen Liedern« dagegen verwahrte, daß er die »Art zu denken der Christen bei der Anbetung [...] in ein bloßes Werk des Genies und der Kunst verwandeln wollte«[16], bot der germanische Kult seiner religiösen und ästhetischen Phantasie größeren Spielraum. Die Poesie einer archaischen Epoche des Alten Testamentes, die kaum durch die christliche Theologie nutzbar zu machen ist, konnte zum Vorbild der germanischen Religion werden. Die dramatische Verlebendigung des germanischen Mythos zielt also nicht erst bei Richard Wagner in die Richtung des Gesamtkunstwerks. Und es ist nicht überraschend, daß sich der Opernreformer Christoph Willibald Gluck lange Zeit mit dem Plan einer Vertonung von »Hermanns Schlacht« trug.
Die Weimarer Klassik war der Germanenrezeption weniger günstig gesonnen als der *Sturm und Drang*, zumal sie die griechische Antike und deren bildende Kunst zum Maßstab machte. Obwohl Goethe in seiner Jugend zu den Bewunderern Klopstocks und seiner Hermann-Trilogie zählte, wandte er sich im 12. Buch von »Dichtung und Wahrheit« heftig gegen eine litera-

rische Verwendung der nordischen Göttersage. In diesem Zusammenhang bringt er seine grundsätzliche Reserve gegen die mythische Sakralisierung der Poesie zum Ausdruck, wie sie Klopstock betrieb. »Götter ließ ich überhaupt nicht viel auftreten. Was hätte mich nun gar bewegen sollen, Wodan für Jupiter, und Thor für Mars zu setzen, und, statt der südlichen, genau umschriebenen Figuren, Nebelbilder, ja bloße Wortklänge in meine Dichtungen einzuführen«.[17]
Auch Herder setzte an die Stelle seiner früheren Germanenbegeisterung eine differenziertere Betrachtungsweise. So beleuchtet er die Bedeutung der Edda für die deutsche Literatur in dem fingierten Dialog »Iduna, oder der Apfel der Verjüngung«, der 1796 in Goethes und Schillers Zeitschrift, »Die Horen« erschien, aus gegensätzlichen Perspektiven. Die eine Figur, Alfred, läßt Herder die germanophilen Hymnen äußern, die er selbst dreißig Jahre früher in seiner Rezension der Werke Mallets publik gemacht hatte. Die andere Gestalt, Frey, bringt ihre Bedenken gegen die Germanisierung der Poesie vor, die den zitierten Anschauungen Goethes entsprechen. Alfred argumentiert gegen Freys poetische Kritik, indem er zwischen der formalen und der inhaltlichen Normativität des nordischen Mythos für die deutsche Dichtung unterscheidet. Die altskandinavische Dichtung kann nicht die Formen der modernen Literatur bestimmen, aber ihr ein nationales Ethos eingeben. »Geschmack sollen wir von den Nordländern nicht lernen [...] aber Geist der Nation im Verstande, den Sitten, dem Gebrauch der Sprache, der Dichtung soll uns anwehen.«[18]
Herders späte Texte über die nordische Mythologie zeigen eine genauere historische Kenntnis der historisch-ethnographischen Verhältnisse, wenn etwa die Gleichsetzung von Kelten und Germanen aufgegeben wird. Der Gegensatz der beiden Kulturen wird aber im Sinne einer nationalen Psychologie und politischen Polemik aufgeladen, wenn Alfred meint: »Nie gab es verschiedenere Völkerstämme als diese beiden; sie sind daher

auch jederzeit gegen einander gewesen.«[19] Klaus von See erkennt hier zu recht eine ideologische Weichenstellung für die Entwicklung des deutschen Germanenbildes im 19. Jahrhundert: »Nachdem die ossianischen Nebel verweht sind, ist der Weg frei für den Gedanken, daß die skandinavische Überlieferung der Ausdruck eines Volkstums sei, dem die Deutschen in gleicher Weise angehören wie die Skandinavier selbst«.[20] Allerdings führt Herder in dem zeitgenössischen Aufsatz »Zutritt der nordischen Mythologie zur neueren Dichtkunst« auch eine Differenzierung der deutschen Nationalität und des skandinavischen Altertums durch. Obwohl Herder an einer Affinität zwischen dem Deutschem und dem Nordisch-Germanischen festhält, sieht er in dieser nur eine Komponente der von ihm anvisierten kulturellen Identität. »So wenig die Griechen *ihre* Mythen für Isländer und Deutsche erfunden oder angewandt haben, so wenig wäre die Edda für sie gewesen. Bei uns, die wir in der Mitte stehen, ist die Frage: was wir aus der und jener Sagenlehre zu machen verstehen, wie wir sie zu brauchen vermögen«.[21] Herder widerspricht deutlich einem nationalistischen Mißverständnis der deutschen Mythologie, wie es zwar nicht Klopstock aber vielen seiner Adepten vorzuwerfen war. Der Politisierung des Germanischen hält er den poetischen Charakter ihrer mythologischen Grundlagen entgegen: »Hat man geglaubt, wenn man *Hermann* sänge, man ihn auch für lauter Hermanns singe, daß die deutsche Nation [...] einer gefundnen Mythologie wegen, über alle hervorrage.«[22] In der Summe schlägt Herder eine nationale Rezeption des germanischen Mythos vor, die zur zivilisatorischen Entwicklung und humanen Bildung der Deutschen beiträgt. »Aus der Edda sowohl als aus dem Heldenbuche müßte nur das hervorgehen, was uns tapferer, mäßiger, in uns selbst stärker, dem Menschengeschlecht liebenswerther und edler macht; jene rohe Wildheit bleibe ältern Zeiten«.

4. Das Athenäum der Germanen: Mythos und romantische Ironie bei Friedrich Schlegel

Leben und Werk Friedrich Schlegels zeigen die spezifische religiöse Komponente in der Entwicklung der romantischen Ästhetik. Der dichtungstheoretische Ansatz Schlegels verbindet nämlich philologische Forschung und philosophische Spekulation mit einer mythologischen und zeitweise geradezu mystagogischen Phantasie. Die enzyklopädische Gelehrsamkeit, assoziative Argumentation und aphoristische Formulierung der Arbeiten Schlegels reflektierte dabei sein romantisches Weltbild. Die geistige Subjektivität erscheint hier als absolute Herrscherin über die Wirklichkeit. Die empirische Welt wird ironisch relativiert und als System symbolistischer Bedeutungen permanent neu imaginiert. In ihrer Zeitschrift »Das Athenäum« proklamierten Schlegel, Novalis und Tieck die romantische Poesie als einzige sinnstiftende Größe in der Moderne. Die Negation der sinnlichen Realität wurde als Fanal der nachantiken Epoche angesehen, die mit der christlichen Weltverneinung ihren Anfang nahm.
Die absoluten theologischen Geltungsansprüche wurden dabei in das kritische Motiv einer innerweltlichen Eschatologie umgemünzt. Die romantische Kunstreligion konnte aber auch in positive Gläubigkeit umschlagen. Während sich der frühe Schlegel unter dem Einfluß Goethes und vor allem Schillers zum enthusiastischen Verehrer der Griechen entwickelte, konvertierte er im Jahre 1812 zum Katholizismus. Die christliche Wende im Werk Schlegels tat dabei seinem Interesse an fremden Kulturen und Religionen keinen Abbruch. Der romantische Historiker erschloß sich vielmehr immer fernere Zeiten und Räume, die der romantische Theologe als mystische Kontexte der biblischen Heilswahrheit deuten konnte. So wurde Friedrich Schlegel zum Begründer der Indologie in Deutschland. Das bestimmende poetische Interesse Schlegels zeigen seine Vorlesun-

gen, die Literatur- und Religionsgeschichte kongenial verknüpfen.

Die nordisch-germanische Welt erschloß sich Schlegel erst in seinem Spätwerk. Gleichwohl lassen sich zahlreiche Verbindungslinien zwischen Schlegels Konzept der frühromantischen Ästhetik vor seiner Konversion und seiner christlichen Mythologie ziehen.

Der Mythos bildet bereits ein zentrales Motiv in der Dichtungstheorie des frühen Schlegel, wobei freilich Griechenland die Anschauung liefert. Schlegels berühmtes »Gespräch über Poesie« aus dem Jahre 1800 stellt das Thema in die Perspektive verschiedener Figuren und literarischer Gattungen. Die Angehörigen eines Freundeskreises tragen ihre Anschauungen als Vorlesung, Rede, Brief und Essay vor, die intensive Diskussionen auslösen. Die Dialog-Form spiegelt die Subjektivierung der religiösen, ästhetischen und politischen Diskurse in der romantischen Epoche, die in der Mythos-Debatte einen Fokus bilden. Während aber Klopstocks »Hain und Hügel« ein poetologisches Programm polemisch profiliert und Herders »Iduna« diese radikale Position in ein umfassenderes kulturelles Projekt integriert, soll Schlegels »Gespräch über Poesie« den reflexiven Facettenreichtum des modernen Schreibens inszenieren. Die der Figur Ludovikos in den Mund gelegte »Rede über die Mythologie« eröffnet weitreichende religionshistorische Kontexte. Die Poesie wird als Erbin der Magie und des Mythos verstanden. In dem der »Rede über die Mythologie« vorangehenden Dialog sieht Ludoviko sein Schreiben als Teil eines sozialen Zusammenhangs, der wie die magische Kombinatorik ungeahnte charismatisch-inspiratorische Energien freisetzt. Die Poesie ist für ihn »der edelste Zweig der Magie, und zur Magie kann der isolierte Mensch sich nicht erheben; aber wo irgend Menschentrieb durch Menschenkraft verbunden wirkt, da regt sich magische Kraft. Auf diese Kraft habe ich gerechnet; ich fühle den geistigen Hauch wehen in der Mitte der Freunde«.[23] Während Ludoviko den auratischen

Charakter des Kunstwerks hier als Teil eines akuten Sympathiezaubers ansieht, betont er zu Beginn der Rede die mythische Tiefendimension der Dichtung. »Ich gehe gleich zum Ziel. Es fehlt, behaupte ich, unsrer Poesie an einem Mittelpunkt, wie es die Mythologie für die Alten war, und alles wesentliche, worin die moderne Dichtkunst der antiken nachsteht, läßt sich in die Worte zusammenfassen: Wir haben keine Mythologie.«[24]
Während der antike Mythos ein »Kunstwerk der Natur«[25] war, muß der die neuzeitliche Kultur prägende Idealismus erst ein vergleichbares poetisches Prinzip hervorbringen. Der moderne Geist erhebt sich aufgrund seiner alles transzendierenden Kraft nicht nur über die empirische Welt, sondern muß auch sich selbst überwinden und in sein Gegenteil, die Natur eingehen, um zu sich selbst zu finden. Auf diese Weise wird der Idealismus eine neue Mythologie hervorbringen. Für Schlegel wird der Mythos zum Paradigma der romantischen Poetik. Denn zum einen sei in der antiken Mythologie »das Höchste wirklich abgebildet«, so daß sich eine »große Ähnlichkeit mit jenem großen Witz der romantischen Poesie« zeige. Anderseits sollen die Dichtungen der christlichen Neuzeit, vor allem die Werke von Cervantes und Shakespeare, in ihrem ewigen »Wechsel von Enthusiasmus und Ironie« ebenfalls »eine indirekte Mythologie« enthalten. Schlegels romantisches Verständnis des Mythos sieht in der Komplexität der literarischen Moderne einen Reflex des archaischen Mythos, den die gelungene poetische Imagination erinnert. »Die Organisation ist dieselbe und gewiß ist die Arabeske die ältestete und ursprüngliche Form der menschlichen Phantasie. Weder dieser Witz noch eine Mythologie können bestehen ohne ein erstes Ursprüngliches [...], was nach allen Umbildungen noch die alte Natur und Kraft durchschimmern läßt.« Die Extravaganzen der romantischen Dichtung erhalten also ihre poetisch-theologische Lizenz durch die den menschlichen Horizont sprengenden Gottesbilder der

Vorzeit. Damit kann Schlegel von der zeitgenössischen Poesie die Rekonstruktion der mythischen Welt auf der Ebene des neuzeitlichen Bewußtseins fordern. »Warum wollt ihr euch nicht erheben, diese herrlichen Gestalten des großen Altertums neu zu beleben«.
Die Mythoskonzeption Ludovikos zeigt ihren universalistischen Charakter, wenn sie auf der Suche nach Inspirationsquellen für »deutsche Künstler« von Griechenland nach Indien und dem Orient schweift, wo »das höchste Romantische«[26] zu finden sei. Der national-mythologische und national-poetische Standpunkt kommt dagegen in der Vorlesung des Andrea über »Epochen der Dichtkunst« zur Aussprache. Der Redner stellt Goethes morphologische Betrachtungsweise der Natur- und Kunstgeschichte, die in den aktuellen Gestalten die mythischen Urbilder sucht, in den Dienst des nationalen Gedächtnisses. Die Deutschen sollten »auf die Quellen ihrer eigenen Sprache und Dichtung zurückgehn, und die alte Kraft, den hohen Geist wieder frei machen, der noch in den Urkunden der vaterländischen Vorzeit [...] schlummert«.[27]
Während die germanisch-deutsche Mythologie in Schlegels »Gespräch über Poesie« nur eine Nebenrolle spielt, rückt sie die Vorlesung über »Geschichte der alten und neuen Literatur« ins Zentrum der Betrachtung moderner Dichtung und zugleich in einen christlichen Horizont. Die Literatur der christlichen Epoche wird auch hier vor den Hintergrund des archaischen Mythos gestellt, wobei nicht mehr Griechenland, sondern Germanien das Modell bildet und neben das Alte Testament tritt. Nach Schlegel konnte die christliche Dichtkunst allein »an den hebräischen Gesängen ein natürliches Vorbild«[28] finden. Die späteren Versuche, biblische Theologie und antike Dichtkunst zu verbinden, mußten dagegen scheitern, »weil die von den alten Dichtern entlehnte Form für diese Gegenstände nicht paßte, und also nur eine tote Zusammensetzung blieb, und eine bloße metrische Einkleidung, ohne den Geist der Poesie. Diesen erhielt das neuere Europa aus der

andern nordischen Quelle seiner Bildung. So früh als nur die Römer der germanischen Völker erwähnen, unterlassen sie fast nie, der besonderen Liebe derselben zur Dichtkunst zu gedenken. Verloren sind freilich die Lieder, welche Hermanns Taten besangen, verschollen sind die weissagenden Gesänge, durch welche die Seherin Veleda die deutschen Bataver zu dem Freiheitskampf begeisterte [...]. Zwar konnte die deutsche Götterlehre bei den christlich gewordenen Völkern als solche auch nicht bestehen. Das Wesentliche derselben aber für die Dichtkunst, die innere dichterische Kraft erhielt sich in den historischen Heldengedichten, und als diese in späteren Zeiten durch feinere Sitten gemildert [...] bald auch kunstreicher dargestellt wurden, so entstand jene Ritterpoesie, welche in dieser Gestalt dem neuern christlichen Europa eigentümlich ist, und auf den Nationalgeist der edelsten Völker so große Wirkungen hervorgebracht hat.« Ähnlich wie Klopstock stellt auch Friedrich Schlegel der Nachahmung poetischer Techniken der klassischen Antike die Inspiration durch die Dichtung, Religion und Politik der germanischen Stämme entgegen. Wenn Schlegel auch auf einer zivilisatorischen Überformung der nationalen Überlieferung besteht, sieht er die Identität des Deutschen über die Zäsur der Christianisierung hinweg im Wesentlichen durch die germanische Vorwelt bestimmt. Wie im »Gespräch über Dichtung« deutet er die Ursprünge der Dichtung vor dem Hintergrund des Mythos und der Magie. Der Nationalisierung des Germanischen arbeitet Schlegel aber durch eine Humanisierung und Regionalisierung der deutschen Mythologie entgegen. Während Klopstock seinen Wodan mit der mythischen Überlieferung der Edda über Odin ausstattet, entmythologisiert Schlegel den deutschen Göttervater. Dabei bezieht er sich auf die althochdeutsche Formel, mit der die Täuflinge ihren alten Göttern abschwören mußten. Im Einzelnen werden hier Donar, Wodan, Saxnot und Odin genannt. Zurecht erkennt Schlegel, daß der Text zwischen Odin und Wodan unterscheidet. Andererseits mißversteht er den Namen des Gottes Saxnot als Attribut Odins, wobei er sich auf Traditionen über Odins Herkunft aus Sachsen bezieht. Schlegel wendet die Religionstheorie des antiken Aufklärers Euhemerus, nach der hervorragende historische Persönlichkeiten in den Erzählungen der Nachwelt zu Göttern erhoben wurden, auf die Figur Odins an. »Wir müssen uns Odin demnach denken als einen Fürsten, Eroberer, Helden, der zugleich ein Dichter war, und als solcher durch weissagende Gesänge in der Götterlehre manches veränderte und erneuerte [...] und der als der Stifter, zwar nicht einer neuen Götterlehre, aber doch einer neuen Epoche derselben, als Held und Seher derselben [...] nachgehend selbst vergöttert wurde.«[29] Schlegel gestaltet hier den »historischen« Odin nach dem Bilde des romantischen Künstlers, der sich aufgrund seiner außeralltäglichen Inspiration als religiöser Mittler und politischer Führer versteht. In seinem Werk erschafft sich das Genie den eigenen Mythos. Wie der altgermanische Odin wird der moderne Künstler vom Schöpfer einer imaginären Welt zur legendären Gestalt oder gar zum Gegenstand eines Kultes.

Schlegels Theorie des numinosen Charakters der mittelalterlich-romantischen Literatur bedenkt dabei die Medien ihrer Erzeugung und Verbreitung mit. Während Schlegel den mythischen Aspekt der germanischen Literatur mit ihrer mündlichen Überlieferung verbindet, sieht er in der magischen Bedeutung der Poesie den Ursprung der Schriftkultur. »Die geschichtlichen Lieder und Heldengedichte sind [...] in den ältern Zeiten niemals niedergeschrieben worden, weil es gegen den Geist solcher Lieder, und die Gewohnheit der Sänger ist [...] Anders aber dürfte der Fall sein mit den weissagenden Gesängen, deren Odins Götterlehre viele erzeugte und vieler bedurfte.«[30] Schlegel ist der Auffassung, daß die Germanen bereits vor ihrer Begegnung mit der römischen Kultur ein Alphabet besaßen, das in den Runenzeichen fortlebt. Dieses Schriftsystem sollen die germanischen Stämme an der Ostsee von den Phö-

niziern übernommen haben, die dort Handel trieben. »Hier am baltischen Meer war auch der ursprüngliche Sitz jenes geheimnisvollen Dienstes der Hertha, welchen uns Tacitus allerdings als eine Art von Mysterien schildert. Ich finde wahrscheinlich, daß die Runen vorzüglich nur solchen Priesterverbindungen bekannt gewesen sind und gedient haben.« Während Schlegel die geniale Autorschaft des Einzelnen als »Mythos« der Literatur beschreibt, ergibt sich ihre »Magie«, wie es schon Ludoviko im »Gespräch über Dichtung« bemerkte, aus dem Diskurs einer intellektuellen Elite. Auf diese Weise erscheinen die Mysterien der Hertha als Athenäum des germanischen Altertums.
Auch in seiner Rezeption der Edda setzt Schlegel eigene Akzente. So ist er der Auffassung, daß sich hier »die Quelle der germanischen Denkart bis zu ihrer Quelle verfolgen«[31] läßt. Allerdings erkennt er in der germanischen Religionsgeschichte nicht nur eine zeitübergreifende Dauer des Ursprünglichen, sondern sieht auch ihre historisch-geographischen Diskontinuitäten und Transformationen. Die Unterwerfung und Missionierung der Sachsen durch Karl den Großen bedeutet den Abbruch der germanischen Theologie. Mythos und Magie nehmen in der »Erinnerung« des Volkes »mehr und mehr die Form eines bloßen Aberglaubens an«. »Von den begeisterten Seherinnen und Alraunen der nordischen Vorzeit blieb nur der Aberglaube an allerlei Beschwörungen und Hexenkünste übrig, und an die Stelle von Odins Walhalla und den daselbst versammelten Helden und Göttergestalten trat in der Phantasie des Volkes das Geistergepolter der Walpurgisnacht. Indessen Odins Götterlehre aber hier im Mutterlande selbst vertilgt ward, fand sie noch lange eine sichere Freistätte in dem skandinavischen Norden, wo sie erst spät und allmählich nach langem Kampfe mit dem Christentum wich, und noch in manchen herrlichen Gesängen und Sagen glücklich erhalten, auf uns gekommen ist.« Die Edda wird hier aufgrund ihrer besonderen Entstehungsbedingungen als wichtige Quelle der germani-

schen Religion gewürdigt. Andererseits erscheint das Werk auch als spätzeitliches Phänomen, dessen Bedeutung vor allem in der literarischen Gestaltung der mythischen Überlieferung liegt. Odin präsentiert sich in der Edda nicht mehr als allmächtiger Weltenherrscher und Volksführer, sondern als ein Intellektueller im Exil. Erst am Ende der Passage teilt Schlegel die theologische Begründung für seine gewagte These mit, daß die christliche Religion in der germanischen und nicht in der griechisch-römischen Geisteswelt die ihr angemessenen literarischen Formen finden konnte. »Von der poetischen Seite her« unterscheide sich die nordische Mythologie »von der der Griechen besonders durch ihre hohe Einheit. Die griechische Götterlehre ist vielleicht zu reich, um in ein Gemälde zusammengestellt werden zu können. Es fehlt ihr [...] ein rechter Schluß. Die Götter- und Heldenwelt der Griechen verliert sich allmählich in die Menschenwelt; die Poesie in die Prosa und Wirklichkeit. Die nordische Götterlehre erhält durch die letzte Katastrophe, auf die alles prophetisch hindeutet, einen vollkommenen Schluß. Es ist das Ganze wie ein fortgehendes Gedicht, ein Trauerspiel.«[32] Während die griechische Mythologie die Vielfalt der empirischen Wirklichkeit religiös begründet, enthält der germanische Mythos einen eschatologischen Zug, der sich in der Prophetie des Endkampfes und der Götterdämmerung zeigt. Als die griechische Religion noch keine Transzendenz kannte, hatte das Germanentum die Endlichkeit allen Seins in radikaler Weise gedacht, als Untergang der Welt und ihrer göttlichen Beherrscher. In der Forschung wurde und wird viel darüber diskutiert, ob die in der Edda mitgeteilte Endzeitvision ein authentisches Zeugnis der germanischen Religiosität darstellt oder den Einfluß der christlichen Apokalypse verrät.[33] So fordert etwa Herder: »Da offenbar die Edda [...] von christlichen Begriffen umschlossen ist, [...] sondre man vor allem diese beiden Systeme von einander. Keine Dreieinigkeit, kein doppeltes Reich der Götter, kein Abend ihres Unterganges liege zum Grunde, sondern die Fabellehre, die als Kosmologie und Naturansicht in der nordischen Sprache selbst liegt; denn sie ist ursprünglich.«[34] Friedrich Schlegel nimmt dagegen den Text als poetisch-theologische Konzeption ernst. Die reine Weltimmanenz der Griechen führt zur Akkumulation und Banalisierung der sinnlichen Eindrücke, die keine Gestaltung und Sinngebung ermöglicht. Die katastrophische Weltsicht der Germanen steht dagegen für eine romantische Ästhetik des Erhabenen und Wunderbaren offen, die sich als Widerspruch gegen die alltägliche Wahrnehmung versteht. Der Untergang der eigenen Götter erscheint als Gipfel der romantischen Ironie, die mit dem illusorischen Charakter einer jeder Verbindung zwischen Idee und Wirklichkeit spielt.

---

1 Vgl. Werner Hoffmann (Hrsg.), Ossian und die Kunst um 1800, München 1974.
2 Vgl. Alfons Rosenberg, Sibylle und Prophetin, Weilheim 1960, zu den Germanen S. 57-60.
3 Vgl. Klaus Düwel/Harro Zimmermann, »Germanenbild und Patriotismus in der deutschen Literatur des 18. Jahrhunderts«, in: Heinrich Beck (Hrsg.), Germanenprobleme in heutiger Sicht, Berlin/New York 1986, S. 358-395.
4 Johann Gottfried Herder, Sämmtliche Werke, hrsg. v. Bernhard Suphan, Berlin 1877ff., Bd. 1, S. 73f.
5 Ebd., S. 74.
6 Ebd., S. 74f.
7 Vgl. Katharina Mommsen, Goethe und die islamische Welt, Frankfurt a.M. 1988, S. 51ff.
8 Vgl. Wolf-Daniel Hartwich, Die Sendung Moses. Von der Aufklärung bis Thomas Mann, München 1997, S. 64-69.
9 Vgl. Gerhard Kaiser, Klopstock. Religion und Dichtung, Kronberg 1975.
10 Zu diesem musikästhetischen Paradigmenwechsel vgl. Carl Dahlhaus, Die Idee der absoluten Musik, S. 7-23.

[11] Vgl. Harro Zimmermann, »Geschichte und Despotie. Zum politischen Gehalt der Hermannsdramen F. G. Klopstocks«, in: Heinz Ludwig Arnold (Hrsg.), Friedrich Gottlieb Klopstock, München 1981, S. 97-121.

[12] So Gerhard Kaiser, Klopstock, S. 342f.

[13] Friedrich Gottlieb Klopstock, Sämtliche Werke, Leipzig 1854, Bd. 5, S. 50f.

[14] Ebd., S. 51.

[15] Ebd., S. 46.

[16] Ebd., S. 45.

[17] Johann Wolfgang von Goethe, Werke, hrsg. im Auftrag der Großherzogin Sophie von Sachsen, Weimar 1887ff., Abt. I, Bd. 28, S. 143.

[18] Johann Gottfried Herder, Sämtliche Werke, Stuttgart/Tübingen 1852f., Bd. 10, S. 182.

[19] Ebd., S. 181.

[20] K. v. See, Barbar, Germane, Arier, S. 77.

[21] J. G. Herder, Sämtliche Werke, Bd. 10, S. 188.

[22] .Ebd., S. 189.

[23] Friedrich Schlegel, Kritische Schriften und Fragmente, hrsg. v. Ernst Behler/Hans Eichner, Paderborn 1988, Bd. 2, S. 200.

[24] Ebd., S. 201.

[25] Ebd., S. 204.

[26] Ebd., S. 205.

[27] Ebd., S. 197.

[28] F. Schlegel, Kritische Schriften und Fragmente, Bd. 4, 81.

[29] Ebd., S. 83.

[30] Ebd., S. 84.

[31] Ebd., S. 85.

[32] Ebd., S. 86.

[33] Vgl. Sigurdur Nordal, Völuspa, Darmstadt 1980, S. 133-145.

[34] J. G. Herder, Sämtliche Werke, Bd. 10, S. 190.

II. Die germanistische Rekonstruktion des Mythos (Jacob Grimm und Karl Simrock)

1. Die Brüder Grimm:
Deutsche Philologie und Politische Romantik

Während die Nationalisierung der germanischen Religion schon ein wichtiges Thema der deutschen Dichtung des späten 18. Jahrhunderts bildete, verbindet sich der Begriff einer »Deutschen Mythologie« mit zwei Gelehrten des 19. Jahrhunderts, Jacob Grimm und Karl Simrock. Die systematische Aufarbeitung der germanisch-deutschen Altertümer sowie ihre Etablierung als Gegenstand der akademischen Forschung durch Jacob Grimm und seinen jüngeren Bruder Wilhelm läßt sich als geisteswissenschaftliche Pionierleistung nur mit Johann Jacob Winckelmanns und Wilhelm Humboldts Entdeckung der griechischen Antike vergleichen. Die Brüder Grimm waren das Bindeglied zwischen der romantischen Germanenrezeption und der Germanistik als Fachdisziplin. Jacob Grimm betrieb die Erforschung der germanischen Religion noch ganz im Sinne Klopstocks und Herders als poetische Theologie oder auch spekulative Mythologie. Die akribische Sammelleidenschaft, mit der Jacob Grimm die Überreste der verschollenen altdeutschen Kultur inventarisierte, weist aber auch auf den Positivismus des späten 19. Jahrhunderts voraus. Jacob Grimms Ausführungen stehen dabei im Banne des frühromantischen Weltbildes, das die vielfältigen historischen Reflexe des menschlichen Geistes auf ihren Ursprung beziehen will. Dabei hatte er engen Kontakt mit dem Heidelberger Kreis um Achim von Arnim und arbeitete an dessen »Zeitschrift für Einsiedler« mit. In diesem geistigen Zusammenhang steht auch der Altphilologe Friedrich Creuzer, dessen »Symbolik und Mythologie der alten Völker« das Hauptwerk der romantischen Religionswissenschaft bildet. In einem Anhang über die »Geschichte des Heidenthums im nördlichen Europa« behandelte Franz Joseph Mone auch die germanische Mythologie. Von dem ironischen Beziehungszauber der Frühromantik bleibt hier allerdings nur eine enzyklopädische Kombinatorik übrig.

Wilhelm Grimm legte dagegen die methodischen Grundlagen der deutschen Philologie als historischer Textwissenschaft. An Stelle der archaischen Mythen und ihrer ideellen Gehalte tritt die Genese der literarischen Formen und Überlieferungen in den Mittelpunkt des Interesses. Der erste Bonner Ordinarius der Germanistik, Karl Simrock, entwickelte dagegen die Ansätze Jacob Grimms im wissenschaftlichen Bereich weiter und popularisierte sie im literarischen Feld. Gleichwohl setzte sich Wilhelm Grimm in der universitären Szene auf ganzer Linie durch und in seiner Nachfolge machten Gelehrte wie Karl Lachmann, Elias Steinmeyer und Wilhelm Scherer ihr Fach zur anerkannten Größe der nationalen Bildung.

Die geistige Entwicklung der Brüder Grimm wurde durch Konstellationen der deutschen Kulturgeschichte bestimmt, die ihren Arbeiten repräsentativen Charakter verleihen. Jacob wie Wilhelm Grimm studierten Jura in Marburg, wobei der Einfluß Friedrich Karl von Savignys prägend wirkte. Die Briefe Jacob Grimms belegen, daß sein Interesse an der altdeutschen Sprache und Dichtung in dieser Zeit erwachte. Die Verschränkung der beiden Gebiete ist keineswegs zufällig. Savigny und seine Schüler betrachteten das Recht im historischen Zusammenhang seiner Entstehung und Entwicklung. Auf diese Weise gewann die sprachwissenschaftliche und kulturgeschichtliche Erschließung der Quellen immer größere Bedeutung, zumal neben dem Römischen Recht die germanischen Überlieferungen in

die Betrachtung einbezogen wurden. Die Religion erkannte man dabei als wichtige normative Komponente innerhalb der Rechtssyteme. Die juristischen Termini und Rituale verweisen oftmals auf kultische Zusammenhänge, die Jacob Grimm in seinem Werk über »Deutsche Rechtsaltertümer« (1828) weitläufig rekonstruierte. Wenn die Gesetze hier in erster Linie von ihrer poetisch-symbolischen Dimension her betrachtet werden, grenzt sich der Autor von den in der Juristerei üblichen begrifflich-logischen oder praktischen Gesichtspunkten ab. Die einfachen Satzungen bäuerlicher Gemeinschaften, die sogenannten Weistümer, waren dabei als noch in der archaisch-traditionellen Wertsphäre wurzelnde Urformen des Rechts von besonderer Bedeutung. Während Jacob Grimm die Rechtstexte mythologisch las, sah er die Mythologie umgekehrt auch auf ihre gesellschaftlichen Aspekte hin an.
Das Leben Jacob Grimms hatte in erstaunlichem Maße politischen Charakter und war eng mit den nationalstaatlichen Bestrebungen in Deutschland verbunden. So nahm er als Legationssekretär am Wiener Kongreß teil, wo er die Rückgabe der geraubten deutschen Handschriften aus Paris forderte. Im Rahmen des Protests der Göttinger Sieben wandte er sich wie auch sein Bruder gegen die Aufhebung der Verfassung durch den König von Hannover und verlor seine Professur. Im Jahre 1848 wurde er als Parlamentarier in die Frankfurter Paulskirche berufen, wo er sich für einen kleindeutschen Staat unter der Führung Preußens stark machte. Die Ansprüche der preußischen Vorherrschaft erstreckten sich auch auf das kulturelle Gebiet und verbanden sich mit dem Typus des deutschen Gelehrten. Friedrich Wilhelm IV. berief kurz nach seiner Thronbesteigung die Brüder im Jahre 1841 nach Berlin an die Preußische Akademie der Wissenschaften. Der Monarch war in besonderem Maße den nationalen Ideen aus der Zeit der Befreiungskriege verpflichtet. Das Staatsideal Friedrich Wilhelms IV. setzte mittelalterliche Modelle um, wie sie Jacob Grimm beschrieben hatte. Der Romanti-

ker auf dem Thron war allerdings nicht willens, seine Vorstellung des christlich-germanischen Volkskönigtums in der revolutionären Situation von 1848 politisch umzusetzen, weil er zu sehr den legitimistischen Vorstellungen des Gottesgnadentums verhaftet war.

2. Haus-Märchen: Bürgerliche Lesekultur und mythische Vorwelt

Die Wirkungsgeschichte der Werke Jacob und Wilhelm Grimms zeigt den Rückzug des Bürgertums ins Private. Während Wilhelm Grimms »Deutsche Heldensagen« (1829) sowie seine zahlreichen kritischen Ausgaben der mittelalterlichen Literatur zu Grundtexten der weltentrückten Philologen wurden, wurden die von Jacob Grimm konzipierten »Kinder- und Hausmärchen« schon bald das Lieblingsbuch der deutschen Familienkultur. Das Märchenbuch der Brüder Grimm ging auf die Anregung Achim von Arnims zurück, und seine zusammen mit Clemens von Brentano zusammengetragenen »Lieder aus des Knaben Wunderhorn« bildeten das grundlegende Vorbild. Die Romantik hatte das Märchen als poetische Welt des Wunderbaren entdeckt, in der die menschliche Subjektivität zur schrankenlosen Freiheit gelangen, aber auch die Grenzen des Wahnsinns überschreiten konnte. Während Autoren wie Friedrich de la Motte Fouqué, Ludwig Tieck, E. T. A. Hoffmann oder Clemens Brentano die Motive der Gattung ins Phantastische steigerten und in ironische Brechung versetzten, wollten die Brüder Grimm die traditionellen Erzählformen möglichst getreu wiedergeben. Die Grimms erforschten die mündlichen Überlieferungen, die im ländlichen Nordhessen noch lebendig waren, zogen aber auch die Populärliteratur des Mittelalters und der frühen Neuzeit heran.
Die methodischen Vorstellungen der Brüder, wie das Material präsentiert werden sollte, waren dabei in höchstem Maße unterschiedlich. Da Jacob Grimm die

Märchen als Zeugnisse der Frühzeit ansah, wollte er sie in ihrer mündlichen Urform, also in den teilweise schwer verständlichen Dialekten ihrer Tradenten, veröffentlichen. Die wissenschaftliche Kommentierung sollte die sprach-, kultur-, und religionshistorischen Hintergründe der Texte erläutern, ohne ihre archaische Fremdheit zu nivellieren. Wilhelm Grimm wollte dagegen dem zeitgenössischen Publikum einen unmittelbaren Zugang zu den Geschichten eröffnen, indem er sie übersetzte, den literarischen und moralischen Konventionen anpaßte und mit einer lehrhaften Wendung versetzte. Während Jacob Grimm die Volksmärchen nicht als geeignete Lektüre für Kinder ansah, da sie teilweise die grausamen Bräuche einer überwundenen Kulturstufe dokumentierten, bestand Wilhelm auf ihrer pädagogischen Funktionalisierung. Der publizistische Erfolg gab ihm recht, so daß sich seine Anschauungen in den späteren Auflagen immer mehr durchsetzten.[1]
Die Vorrede von 1812 gibt dagegen noch weitgehend die Intentionen Jacob Grimms wieder. Der Text stellt in bildhaft-poetischer Form die kulturellen Bedingungen der Volksdichtung und ihrer Bedeutung für das kollektive Gedächtnis dar. »Wir finden es wohl, wenn Sturm oder anderes Unglück, vom Himmel geschickt, die ganze Saat zu Boden geschlagen, daß noch bei niedrigen Hecken oder Sträuchen, die am Wege stehen, ein kleiner Platz sich gesichert und einzelne Ähren aufrecht geblieben sind. Scheint dann die Sonne wieder günstig, so wachsen sie einsam und unbeachtet fort, keine frühe Sichel schneidet sie für die großen Vorratskammern, aber im Spätsommer, wenn sie reif und voll geworden, kommen arme, fromme Hände, die sie suchen; und Ähre an Ähre gelegt, sorgfältig gebunden und höher geachtet als ganze Garben, werden sie heimgetragen und winterlang sind sie Nahrung, vielleicht auch der einzige Samen für die Zukunft. So ist es uns, wenn wir den Reichtum deutscher Dichtung in früheren Zeiten betrachten, und dann sehen, daß von so vielem nichts lebendig sich erhalten, selbst die Erinnerung

daran verloren war, und nur Volkslieder, und diese unschuldigen Hausmärchen übrig geblieben sind. Die Plätze am Ofen, der Küchenherd, Bodentreppen, Feiertage, noch gefeiert, Triften und Wälder in ihrer Stille, vor allem die ungetrübte Phantasie sind die Hecken gewesen, die sie gesichert und einer Zeit aus der anderen überliefert haben.«[2] Der Text beschreibt die Prozesse der literarischen Traditionsbildung und des Traditionsverlustes mit Bildern aus dem Bereich der bäuerlichen Lebenswelt und ihren natürlichen Voraussetzungen. Die volkstümliche Überlieferung der Volkslieder und Märchen erscheint dabei als Echo der ebenfalls mündlich tradierten Dichtung einer germanisch-deutschen Vorzeit. Die germanisch-deutsche Literaturgeschichte wird dabei unter einem katastrophischen Aspekt gesehen, der den plötzlichen Abbruch einer kulturellen Entwicklung vor ihrem repräsentativen Ertrag beschreibt. Gleichwohl erscheinen Natur- und Geistesgeschichte unter dem Aspekt einer göttlichen Providenz (»vom Himmel geschickt«). Das angedeutete biblische Gottesveständnis läßt, wie es etwa in der Sintflutgeschichte der Genesis deutlich wird, keine völlige Vernichtung zu, sondern hält stets eine humane Zukunft offen. Die Auslöschung bestimmter Teile der menschlichen Wirklichkeit, intensiviert die Aufmerksamkeit auf das Verbliebene und ermöglicht seine Rettung. Die Unzugänglichkeit bestimmter natürlicher und kultureller Ressourcen verhindert ihre vorzeitige Vernutzung (»frühe Sichel«). Der Text spielt hier auf das religiöse Gesetz des Alten Testaments an, das die Besitzenden zur sozialen Nutzung der ihnen von Gott gegebenen Güter verpflichtet: »Wenn du auf deinem Acker geerntet und eine Garbe vergessen hast auf dem Acker, sollst du nicht umkehren, sie zu holen, sondern sie soll dem Fremdling, der Waise und der Witwe zufallen« (5. Mose 24, 19). Die Reste der altdeutschen Dichtung erscheinen als essentielle geistige Nahrung des einfachen Volkes, das von den Autoren idealisiert wird. Die Vorrede benennt dabei präzise die Institutionen der kulturellen Erinnerung, wie die spätere traditionsgeschichtliche Schule der Religionswissenschaft den mündlichen Poesien jeweils einen charakteristischen »Sitz im Leben« zuordnete. Die kulturelle Mnemotechnik wird an der sozialen Funktion bestimmter Orte und Zeiten festgemacht. Die kollektive Erinnerung wird überdies in Zusammenhang mit bestimmten geographischen und psychologischen Bedingungen gebracht. Die Sakralisierung der traditionellen Kultur (»arme, fromme Hände«) wird einer höheren Bildungsstufe entgegengestellt. Das deutsche Volk erscheint in einer charakteristischen Dialektik von sozial-politischer Erniedrigung und kunst-religiöser Auserwähltheit. Diese soziale Mythologie wollen die Brüder Grimm den Märchen entnehmen.

Der Text greift Herders geschichtsphilosophische Idee auf, daß die Dokumente aus der Frühzeit der Völker, welche gleichsam die Kindheit des Menschengeschlechts bildet, ihr Wesen in reiner Form wiedergeben sollen. Das Märchen vertritt ein mythisches Weltbild, das als naiver Zugang zur Wirklichkeit ins Recht gesetzt wird. »Innerlich geht durch diese Dichtungen dieselbe Reinheit, um derentwillen uns Kinder so wunderbar und seelig erscheinen; sie haben gleichsam dieselben bläulich-weißen, mackellosen glänzenden Augen (in die sich die kleinen Kinder so gern greifen, die nicht mehr wachsen können, während die andern Glieder noch zart, schwach und zum Dienst der Erde ungeschickt sind).«[3] Die Kindheit erscheint hier als ästhetischer Zustand par excellence, da die Welt nicht im eigenen Interesse gestaltet, sondern nur als autonome Größe wahrgenommen werden kann. Die kindliche Poetik nimmt aber auch eine gesellschaftliche Realität, teilweise beträchtlicher Härte wahr: »die Eltern haben kein Brod mehr und müssen ihre Kinder in der Not verstoßen«.[4] Diese Erfahrung der Negativität wird aber im Sinne eines lebenserhaltenden Weltvertrauens fiktional verklärt. Die Vorstellung einer geschlossenen und geordneten Welt spricht sich als universeller Kommunikationszusammenhang aus, der über den zwischenmenschlichen Bereich hinaus ins Kosmische reicht. »Der ganze Umkreis dieser Welt ist bestimmt abgeschlossen: Könige, Prinzen, treue Diener und ehrliche Handwerker, vor allen Fischer, Müller, Köhler und Hirten, die der Natur am nächsten geblieben, erscheinen darin; das andere ist ihr fremd und unbekannt. Auch, wie in den Mythen, die von der goldenen Zeit reden, ist die ganze Natur belebt. Sonne, Mond und Sterne sind zugänglich, geben Geschenke, [...] Pflanzen, Steine reden, und wissen ihr Mitgefühl auszudrücken [...] und so übt diese Poesie schon Rechte, wornach die spätere nur in Gleichnissen strebt.«

Die Märchenwelt stellt dabei keine Idylle vor, sondern ist ständig von einer mythisch personifizierten Kraft des Bösen bedroht. Die Geschichten erscheinen als verkleinerte Versionen des Kampfes zwischen den göttlichen Schöpfungsmächten und den Chaoswesen, die sich gegen eine heilvolle Einrichtung der Welt wenden. Im germanischen Mythos nehmen diese Gegenmächte etwa die Gestalt des Eisriesen Ymir, des Feuerwesens Surtr, der Midgardschlange oder des Himmelswolfes an.[5] Der Weltuntergang kann nur durch die völlige Unterwerfung der unheiligen und unheimlichen Wesenheiten verhindert werden, wie sie das Märchen in grausigen Vernichtungsvisionen realisiert. »Das Böse auch ist kein kleines, nahstehendes und das schlechteste, weil man sich daran gewöhnen könnte; sondern etwas entsetzliches, schwarzes, streng geschiedenes, dem man sich nicht nähern darf; ebenso furchtbar die Strafe desselben: Schlangen und giftige Würmer verzehren ihr Opfer, oder in glühenden Eisenschuhen muß es sich zu todt tanzen.«[6] Diese dualistische Soteriologie ist dabei derartig radikal, weil die Perspektive der Götterdämmerung stets vorhanden ist und diese permanent abgewehrt werden muß.

Während sich das märchenhafte Weltbild strikt gegen alles ihm Fremde und Bedrohliche abgrenzt, erweist sich die Gattung selbst als interkulturelles Phänomen.

Die Brüder Grimm nehmen hier eine humanistische Perspektive ein. »Weil diese Poesie dem ersten und einfachsten Leben so nah liegt, so sehen wir darin den Grund ihrer allgemeinen Verbreitung, es gibt kein Volk, welches sie ganz entbehrt. Selbst die Neger im westlichen Afrika vergnügen ihre Kinder mit Erzählungen«.[7] Gerade die deutschen Märchen hätten sich dabei in besonderer Weise als Gegenstand übernationaler Bildung erwiesen, »indem wir sie, und genau dieselben, durch ganz Europa verbreitet finden, so daß sich in ihnen eine Verwandtschaft der edelsten Völker Europas offenbart.«

Wenn die Märchen den Brüdern Grimm als ein Produkt des Volkes gelten, handelt es sich also nicht um eine nationalistisch verengte Betrachtungsweise. Der Begriff des Volkes wird nicht durch die ethnische Gemeinsamkeit definiert, sondern als übergreifende soziologische, kulturhistorische und ästhetische Größe bestimmt. Zunächst erscheint das einfache Volk als eine gesellschaftliche Schicht, die gewissermaßen in einem vorkapitalistischen Naturzustand lebt. Das Volk verfügt zwar über keine literarische Bildung, hat aber noch lebendigen Teil an der mündlichen Tradition der Frühzeit. Während das Volk in sozialer und kultureller Hinsicht als Gegenbild der bürgerlichen Gesellschaft erscheint, vollzieht die Märchenrezeption einen ästhetischen Brückenschlag zwischen beiden Welten. Die literarische Präsentation der Volkspoesie erschließt diese auch einem modernen Publikum, dessen romantische Gefühlslage sich die Mentalität der Armen im Geiste anzuverwandeln sucht. Am Schluß der Vorrede greifen die Autoren auf die Bildlichkeit des Beginns zurück. Wenn die bürgerliche Leserschaft die Märchen aus den Händen der Sammler empfängt, wird es in die Nachfolge des einfachen Volkes gestellt, das diese Überlieferung seit Urzeiten geheiligt hat. Als Bedrohung der Volksdichtung erscheint dagegen die literarische Kritik, die sie am klassizistischen Kanon der Aufklärung mißt. »Wir übergeben dies Buch wohlwollenden Händen, dabei denken wir an die segnende Kraft, die in diesen liegt und wünschen daß denen, welche diese Brosamen der Poesie Armen und Genügsamen nicht gönnen, es gänzlich verborgen bleiben möge.«[8] Die Märchenlektüre stiftet also über historische, soziale und nationale Distanzen hinweg eine Art religiöser Gemeinschaft, deren gläubige Haltung gegenüber ihren Texten die Erfahrung charismatischer Heilswirkungen (»segnende Hände«) in die moderne Welt hineinbringt.

3. Das Alte Testament der Deutschen: Jacob Grimm als Mythologe

Während das Volksmärchen den germanischen Mythos in eine universelle poetische Gestalt bringt, ist seine Rezeption in den Bereichen des Kults und der Sage, des Rechts und der Bräuche stärker an das politische Selbstverständnis der alten Deutschen gebunden. Jacob Grimm bringt diesen Aspekt bereits im Titel seines religionsgeschichtlichen Hauptwerkes, »Deutsche Mythologie« zum Ausdruck. Die Existenz einer solchen germanischen Nationalreligion war dabei keineswegs unumstritten. Noch in der Vorrede von 1854 muß sich Grimm gegen die Anschauung wenden, daß den alten Deutschen aufgrund der dürftigen Dokumente kein eigenes Glaubenssystem zugeschrieben werden könnte. Wenn Jacob Grimm das Religiöse als notwendige Komponente des menschlichen Geistes erkennt, sieht er in diesem keine metaphysische Größe, sondern ein Merkmal der kollektiven Identität: »jedem volk ist der glaube an göttern notwendig wie die sprache.«[9]

Das kollektive Gedächtnis der Deutschen wird dabei wieder in einer Bildlichkeit beschrieben, die Natur und Kultur aufeinander bezieht. In der Erforschung des germanisch-deutschen Mythos müsse gleichsam »aus ihrem versiegenden wasser die quelle, aus den stehengebliebenen sümpfen der alte strom erahnt werden.«

Die Flußmetapher verweist auf den dynamischen Aspekt der mündlichen Überlieferung, die permanenten Wandlungen und Umdeutungen unterworfen ist, in der aber zugleich die ursprünglichen Vorstellungen lebendig bleiben. Die schriftlichen Dokumente gewähren dagegen nur zufällige und momentane Eindrücke der Vergangenheit, sie sind gleichsam das vom Strom der Erinnerung mitgeführte und an entlegenen Orten sedimentierte Geröll der Geschichte. Die literarischen Quellen gewinnen also erst im Kontext des erzählten und gelebten Volksglaubens ihren Sinn. »genug ist unserer mythologie unwiderbringlich entzogen; ich wende mich zu den quellen, die ihr verbleiben, und die teils geschriebene denkmäler sind, teils der nie stillstehende fluß lebendiger sitte und sage. jene können hoch hinauf reichen, zeigen sich aber bröckelhaft und abgerissen, während noch die heutige volksüberlieferung an faden hängt, wodurch sie zuletzt unmittelbar mit dem alterthum verknüpft wird.«[10]

Der Autor sieht die germanische Religionsgeschichte nicht als autochthone Größe, sondern in ständiger Auseinandersetzung mit dem Fremden, die gleichermaßen als Abgrenzung, produktive Anverwandlung und radikale Umgestaltung erfolgen kann. In der Vorrede von 1854 schreibt Grimm: »Jedwedem volke scheint es von natur eingeflößt sich abzuschließen und von fremden bestandtheilen unangerührt zu erhalten. der sprache, dem epos behagt es nur im heimischen kreise, nicht länger als er zwischen seinem ufer wallt, hält der strom seine farbe lauter. aller eigenen kraft und innersten triebe ungestörte ausbildung ergeht aus dieser mitte, und unsre älteste sprache, poesie und sage sehen wir keinen anderen zug einschlagen. allein der strom hat [...] selbst zuletzt in die weite meerflut einzumünden: völker grenzen an völker, friedlicher verkehr, krieg und eroberung verschmelzen ihre schicksale. aus den mischungen mag unerwartetes hervorgehen, dessen gewinn gegen den verlust, den die unterdrückung des heimischen elements nach sich zog, abgewägt werden darf. Wenn

sprache, dichtung und glaube unsrer vorfahren zu keiner zeit überall dem andrang des ausländischen wehren konnten, haben sie durch den übertritt des volks zum christenthum alle zusammen die erschütterndste umwälzung erfahren.«[11]
Die christliche Mission wird von Grimm in erster Linie als kulturelle Revolution beschrieben. Bereits in der »Einleitung« zur ersten Auflage der »Deutschen Mythologie« stellt Grimm den prinzipiellen Unterschied zwischen dem nationalen Charakter der germanischen Religion und der katholischen Kirche heraus. »Das christenthum war nicht volksmäßig. es kam aus der fremde, und wollte althergebrachte einheimische götter verdrängen, die das land ehrte und liebte. Diese götter und ihr dienst hiengen zusammen mit überlieferungen, verfassung und gebräuchen des volks. [...] Die heidenbekehrer, [...] nicht selten kleinlich, störrisch und in knechtischer abhängigkeit von dem entlegenen rom mussten das nationalgefühl vielfach verletzen«.[12] Die kulturelle Leistung der christlichen Mission stellt Grimm allerdings über die natürliche Verwurzelung des altdeutschen Glaubens: »ich vergleiche das heidenthum einer seltsamen pflanze, deren farbige, duftende blüte wir mit verwunderung betrachten, das christenthum der weite strecken einnehmenden aussaat des nährenden getreides«.[13] Die Beschäftigung mit dem paganen Mythos, der durch das Christentum als religiöses und nationales Wertesystem außer Kurs gesetzt wurde, erscheint also ganz im Sinne der Frühromantik primär durch ästhetische Kategorien bestimmt. Die wissenschaftliche Behandlung der Volkssage, die in der deutschen Mythologie literarisch wird, muß den spezifischen Bedingungen Rechnung tragen, unter denen eine solche Urpoesie ihre volle Wirkung entfalten kann. Diese phantastische Flora will »mit keuscher hand gelesen und gebrochen sein. wer sie hart angreift, dem wird sie die blätter krümmen und ihren eigensten duft vorenthalten.«[14]
Während Jacob Grimm den autochthonen Charakter

der poetischen Formen deutscher Mythologie betont, setzt er ihre religiöse Dimension in Beziehung zum biblischen Glauben.

Während Klopstock und Herder die frühen Zivilisationen noch als Einheit ansahen, schließt sich Grimm bereits der Unterscheidung zwischen den indogermanischen und semitischen Kulturen an, die in der vergleichenden Sprachwissenschaft des 19. Jahrhunderts aufkam.

Gleichwohl gestaltet der Autor seine »Deutsche Mythologie« in theologischer Hinsicht nach dem Vorbild des alttestamentlichen Judentums, welches sich durch das mosaische Gesetz definiert. Das erste Gebot des Dekalogs bestimmt den Glauben an Jahwe als exklusiven Monotheismus: »Ich bin der HERR, dein Gott, der ich dich aus Ägyptenland, aus der Knechtschaft, geführt habe. Du sollst keine anderen Götter haben neben mir« (2. Mose 20, 3). Das zweite Gebot legt den geistigen Gottesbegriff fest, der die Verdinglichung des Heiligen ausschließt, wie sie sich in der religiösen Verehrung von Götterbildern und Naturerscheinungen zeigt: »Du sollst dir kein Bildnis noch irgendein Gleichnis machen, weder von dem, was oben im Himmel, noch von dem was unten auf Erden, noch von dem, was im Wasser unter der Erde ist. Bete sie nicht an und diene ihnen nicht« (2. Mose 20, 4f.). Wie Friedrich Schlegel sieht auch Jacob Grimm in der Verehrung Odins bzw. Wotans ein innovatives Potential der altgermanischen Religion, das auf die christliche Moderne verweist. Nach umfangreichen Ausführungen über »die hohe stelle [...], welche die Germanen ihrem Wuotan anweisen« schließt Grimm: »der monotheismus ist etwas so nothwendiges und wesentliches, daß fast alle Heiden in ihrer götter buntem gewimmel, bewußt oder unbewußt, darauf ausgehn einen obersten gott anzuerkennen, der schon die eigenschaften aller übrigen in sich trägt. so daß diese nur als seine ausflüsse, verjüngungen und erfrischungen zu betrachten sind.«[15]

Jacob Grimm nimmt zwei entgegengesetzte Tendenzen

in der Religionsgeschichte an. Der ursprüngliche Glaube an einen Gott entwickelt sich zum Polytheismus, um das Heilige sinnlich zu konkretisieren. Bilderverehrung und Naturkulte betreiben die gleiche Materialisierung des Göttlichen. Im Gegenzug zielt die höhere Entwicklung der Religion auf die Abstraktion des monotheistischen Gottesbegriffs. Der radikale Monotheismus äußert sich dabei auch als Ikonoklasmus, der sich gewalttätig gegen die Götzenverehrung wendet. Wenn Wuotan für Grimm »der geistigste gott unserers althertums«[16] ist, übersetzt er den Mythos in die Kategorien der biblischen Theologie. Die Aufnahme des Christentums erscheint somit als Konsequenz der germanischen Religionsgeschichte, die Grimm in das Bild naturhaften Werdens bringt. »Auch den Heiden keimte der wahre Gott, der den Christen zur frucht erwuchs.«[17] Während Grimm das römische Element des Katholizismus als Vergewaltigung der kulturellen Identität der Deutschen zurückweist, sieht er im alttestamentlichen Gottesgedanken die Erfüllung ihrer Religiosität. Das christliche Dogma wird zugleich auf seine jüdischen Ursprünge zurückgeführt.

Der Autor ignoriert allerdings, daß die christliche Theologie den Gottesglauben in der Trinität ausdifferenziert und sich so von den anderen monotheistischen Religionen unterscheidet. Die katholische Lehre erscheint vielmehr geradezu als Degeneration der biblischen Religion, die den polytheistischen Neigungen des Volkes entgegenkommt und so den Fortschritt des germanischen Glaubens behindert. Als Abweichung vom Monotheismus sieht Grimm die »heiligenverehrung« an, »die götter zweiten oder dritten rangs, helden, und weise Frauen des heidenthums zu ersetzen hat und das herz erfüllt, weil sie ihm die höhere, strengere gottheit vermittelt.«[18] Die angelsächsischen Mönche, von denen die germanischen Stämme zuerst das Christentum empfingen, stellt Grimm dagegen in die Nachfolge der Propheten des Alten Testament, die gegen jede Form der Vielgötterei und des Götzendienstes eiferten. Dieser radikale Monotheismus soll auch in der späteren Kirchengeschichte Deutschlands zum Tragen kommen, wenn diese die paganistischen Tendenzen des Katholizismus überwindet und die höhere Entwicklung der germanischen Religion forsetzt. »Bonifacius und Willebrord, indem sie die heilige Eiche fällten, die heilige quelle antasteten, und lange nachher die bilderstürmenden Reformierten dachten nur an die abgötterei, die damit getrieben wurde. Wie jene ihre erste Tenne fegten, ist anzuerkennen, daß die reformation nachwüchse des heidenthums ausrottete und die last des römischen bannes lösend unseren glauben zugleich freier, innerlicher und heimischer werden ließ. gott stehen wir allenthalben nah und er weiht uns jedes vaterland, von dem der starre blick über die alpen abzieht.«[19] Der Text zitiert hier Johannes den Täufer, der das kommende Gericht des Messias in Bildern aus dem Bereich des Ackerbaus und der Ernte schildert: »Er hat seine Worfelschaufel in der Hand; er wird seine Tenne fegen und seinen Weizen in der Scheune sammeln; aber die Spreu wird er verbrennen mit unauslöschlichem Feuer« (Matthäus 3, 12). Die Figur des Täufers stellt die Kontinuität zwischen den alttestamentlichen Propheten und dem Christentum her. Für Jacob Grimm verbindet die prophetische Kritik des Polytheismus die Germanenmission mit Luthers Erneuerung des evangelischen Glaubens. Der reine Monotheismus der ersten Glaubenszeugen und der Reformatoren vollendet dabei ein nationalreligiöses Programm, das bereits im germanischen Wotanismus angedeutet ist. Der Text bekämpft hier die Bewegung des Ultramontanismus, die gegen die staatliche Einbindung und Nationalisierung der katholischen Kirche im Zuge der Französischen Revolution wie des aufgeklärten Absolutismus in Deutschland protestierte, wobei sie in religiösen Fragen allein die Entscheidungen des Papstes als legitim ansah. Diese religionspolitischen Anschauungen, wie sie Chateaubriand, Bonald und de Maistre vertraten, waren Teil einer monarchistisch-restaurativen Staatstheorie und trafen in den national-liberalen Kreisen in Deutschland, denen die Brüder Grimm zuzurechnen sind, auf heftige Gegenwehr. Jacob Grimms Deutung der germanisch-deutschen Mythologie ist im ganzen dem Paradigma der kollektiven Erinnerung verpflichtet, die als Zugang zum frühesten nationalen Altertum und als bestimmende Kraft späterer kultureller Identitäten gesehen wird. Die Christianisierung wird dabei als tiefgreifender Einschnitt in die germanische Religionsgeschichte erkannt, die den naiven, unmittelbaren Bezug zur heidnischen Vorzeit unmöglich macht. Jacob Grimm sucht dagegen die mythischen Vorstellungen gerade in ihrer Verknüpfung mit der christlichen Religion der Deutschen. Diese Spurensuche sieht der Autor als fruchtbar an, weil bereits die germanische Stammesreligion im Wotanismus Entsprechungen zum biblischen und zumal jüdischen Monotheismus ausgebildet haben soll und diese von der Mission aufgegriffen werden konnten. So weist er darauf hin, daß sich viele kultische Begriffe der Germanen in der gotischen Bibelübersetzung des Ulfilas erhalten hätten, »und diese würden noch weit reicher an den tag kommen, wären uns stücke aus der gotischen verdeutschung des AT. zugelangt«.[20]

Wenn Jacob Grimm die altgermanische und die althebräische Religion analogisiert, sucht er ähnlich Klopstock den Glauben der Deutschen von der kirchlichen Dogmatik abzugrenzen, wobei ein starker antikatholischer Affekt hinzukommt. Während es aber Klopstock in erster Linie um die kunstreligiöse Vergegenwärtigung der archaischen Kulte geht, beschränkt sich Jacob Grimm auf die historisch-antiquarische Rekonstruktion, die gleichwohl poetische Bilder nützt. Wie die »Kinder- und Hausmärchen« der Brüder Grimm die lebendigen Traditionen der Volksdichtung sammeln will, stellt die »Deutsche Mythologie« vom Altertum bis heute praktizierten Volksglauben ins Zentrum. Der Autor zieht zwar die nordische Mythologie heran, um ähnliche Vorstellungen im südgermanischen Bereich zu deuten, eine durchgängige Systematisierung der deutschen Religion im Sinne der Edda sieht er jedoch als noch nicht möglich bzw. auch nicht nötig an.

4. Erinnerung und Erlösung: Karl Simrocks mythischer Zeitbegriff

Karl Simrock nannte sein religionsgeschichtliches Hauptwerk mit Bedacht »Deutsche Mythologie« und stellte sich so in die Nachfolge Jacob Grimms, dessen bahnbrechende Leistungen auf diesem Gebiet er emphatisch herausstellt. Er führt aber den Ansatz seines Vorgängers in eine andere Richtung fort.[21] Denn Simrock überschreitet die methodischen Grenzen, die Grimm einer eddischen wie christlichen Deutung der *deutschen Mythologie* zieht. Zum einen stellt er fest: »Indem wir uns [...] genötigt sehen, von dem nordischen als dem vollständiger entwickelten System auszugehen und dann erst nachzuholen, was sich im deutschen Glauben Entsprechendes oder Abweichendes findet, ist unser Verfahren das umgekehrte von dem, welches J. Grimm befolgte«.[22] Denn Simrock geht es um die »Aufstellung einer gemeinsamen deutschen Mythologie«, die das Deutsche im Germanischen aufhebt.

Während Jacob Grimm immer wieder die Bedeutung des lebendigen Volksglaubens betont, in dem die altdeutsche Religion fortlebt und aus dem sie allein verstanden werden kann, gehört der Mythos für Simrock vollständig der Vergangenheit an. Der Historismus verbindet sich hier allerdings mit philosophisch-theologischen Interessen und führt zu einer allegorischen Auslegung, wie sie bereits die alexandrinischen Gelehrten an den griechischen Mythen übten. Die Göttergeschichten wurden hier als sinnbildlicher Ausdruck allgemeiner Wahrheiten gelesen, die aus der aufgeklärt-physikalischen Weltsicht oder dem jüdisch-christlichen Glauben der Autoren stammten. Die Konjunktur der Exegese zeigt, daß die Geltung der Mythen nicht mehr in der kultischen Praxis evident wird und sich nur noch auf eine literarische Kanonizität beschränkt. Der Mythos überlebt so den Untergang der Religion, indem er verwissenschaftlicht und ästhetisiert wird. Simrock beschreibt diese Sinngeschichte des Mythos sehr deutlich, wobei er nicht die relativierende Perspektive des modernen Historismus einnimmt, sondern die dogmatische Selbstgewißheit der christlichen Theologie und aufgeklärten Poetologie zur Schau trägt. Der Mythos erscheint ihm als Dichtung, die als Didaktik des Heils oder des Wissens dient. Die folgende Passage aus der »Einleitung« zu Simrocks Werk zeigt, welche literarische Qualität wissenschaftlicher Prosa aus dieser Konstellation entstehen konnte.

»Der Mythos enthält also Wahrheit in der Form der Schönheit: der Mythos ist Poesie, die älteste und erhabenste Poesie der Völker. Er ist Wahrheit und Dichtung zugleich, Wahrheit dem Inhalte, Dichtung der Form nach. Die in der Form der Dichtung angeschaute Wahrheit ist eben Dichtung, nicht Wirklichkeit: Wahrheit und Wirklichkeit werden nur zu oft verwechselt. Wirklich ist der Mythos nicht, gleichwohl ist er wahr. So lange die Mythen noch Gegenstand des Glaubens blieben, durfte man sagen, daß diese Gedankenbilder nicht wirklich seien, daß die Dichtung Anteil an ihnen habe: sie wollten unmittelbar geglaubt, für wahr und wirklich gehalten werden. Es gab also damals nur Mythen, keine Mythologie, denn die Deutung der Mythen, die höchste Aufgabe der Mythologie, war untersagt. Jetzt aber sind die Mythen nicht mehr Gegenstand des Glaubens und sollen es auch nie wieder werden; wir sollten nicht mehr an Odin oder Wuotan, nicht mehr an Freya oder Frouwa glauben; aber darum sind es nicht lauter Irrtümer, was unsere Vorfahren von diesen Göttern träumten: es liegt Wahrheit hinter dem Scheine; aber nur durch die Deutung der Mythen kann man zu dieser Wahrheit gelangen. War diese Deutung damals untersagt, als sie noch Gegenstand des Glaubens waren, als jene Götter noch verehrt wurden, als ihnen noch Opfer

fielen, noch Altäre rauchten, so ist sie jetzt erlaubt wie Pflicht des Forschers, und dem christlichen Gotte, der ein Gott der Wahrheit und der Wirklichkeit ist, kann damit nur gedient sein, wenn die Unwirklichkeit der alten Götter erwiesen wird, denn die zu Grunde liegende Wahrheit verwirft das Christentum nicht, ja es pflegt sie als der Uroffenbarung angehörig für sich in Anspruch zu nehmen. Wenn die Mythen für den Glauben jetzt Alles verloren haben, so haben sie für das Wissen gewonnen; es gibt erst jetzt eine Mythologie, eine Wissenschaft der Mythen.«[23]
Wie Simrocks mythologisches Credo die Verwandlung des Kultes in die Wissenschaft feiert, steht auch seine Betrachtung der Mythen selbst im Zeichen der Überwindung der Natur- durch die Geistesreligion. Dabei lehnt er rationalistische Deutungsverfahren ab, welche die Mythen auf historische Figuren oder physikalische Vorgänge beziehen. Vielmehr will er an der Mythengeschichte selbst die Dynamik der Rationalisierung ablesen, die ihr einen ethischen Sinn zuwachsen läßt. Die deutsche Mythologie soll diese Entwicklung in exemplarischer Weise zeigen. »Die Einheit von Geist und Natur macht uns das Studium der Mythologie recht anschaulich; denn Übergänge aus dem einen in das andere überraschen uns da Schritt für Schritt.«[24] Simrock nimmt vier Stufen der Bedeutungserweiterung an, durch die der Mythos »von dem natürlichen Gebiet auf das sittliche« übertragen wird. Die ursprüngliche Funktion der Mythen war es, die Lebenswelt einer agrarischen Gesellschaft zu deuten, indem sie sich »auf das Naturleben im Kreislauf des Tages oder Jahres« beziehen. Die erste von Simrock angenommene Bedeutungsverlagerung des Mythos bestand in ihrer »Übertragung auf Leben und Tod; denn der Winter ist der Tod der Natur, der Sommer erweckt Pflanzen zu erneutem Leben«. Die mythische Beschreibung einer regelmäßigen Regeneration der Natur wird in einem nächsten Schritt auf die menschliche Todeserfahrung bezogen. »Mit diesem Leben ist es nicht zu Ende; der Tod ist

kein Tod auf ewig: wie auf den Winter, den Tod der Natur, ein neuer Frühling folgt, ein neues Leben, so ist auch vom Tode noch Erlösung zu hoffen, die Hölle läßt ihre Beute wieder fahren, die Pforten der Unterwelt können gesprengt werden, und gerade dies ist der Inhalt vieler deutschen Mythen, Märchen und Sagen. Die Bedingungen, an welche diese Erlösung geknüpft ist, rücken den Mythos von selbst auf das geistige Gebiet, sie empfangen eine sittliche Bedeutung, während sie ursprünglich nur eine natürliche hatten.« Die nächste semantische Anreicherung erfährt der Mythos, wenn das Modell des menschlichen Lebens auf die Welt angewandt wird. Die Kosmogonie erscheint dabei als Geburt des Universums. Nach Simrock erlangt das mythische Schema die letzte Stufe seiner ethischen Ausdeutung nur in der germanischen Religion, indem die Semantik von Tod und Auferstehung von der Existenz des Menschen auf die des Kosmos angewandt wird. »Die Schöpfungsgeschichte ist ein Gegenstand aller Mythologien; der deutschen Mythologie ist es eigentümlich, daß sie auch den Untergang der Welt ins Auge faßt, ja zum Hauptgegenstand ihrer Anschauungen erhebt [...]: denn auch mit dem Untergang der Welt ist es nicht zu Ende, es folgt ihre Erneuerung, ihre Wiedergeburt, die Erde taucht aus der allgemeinen Flut wieder auf und grünt, die Äcker tragen unbesäet und verjüngte, entsühnte Götter werden ein geistigeres Menschengeschlecht beherrschen, das irdische Bedürfnisse nicht kennt: denn Morgentau ist all sein Mahl. Hier ist die sittliche Umbildung am stärksten hervorgehoben; denn die allgemeine Entsittlichung war es, welche den Untergang der Welt herbeigeführt hatte; aber jetzt hat der Weltbrand mit der Sünde das Übel aus der Welt getilgt, und die selige Unschuld der Götter und Menschen kehrt zurück, um nicht wieder zu verschwinden.«[25]
Von besonderem Interesse sind Karl Simrocks Ausführungen über die mythische Zeitvorstellung, welche sich deutlich von dem herrschenden physikalischen Zeitbegriff der Neuzeit unterscheidet, aber in bestimm-

ten Bereichen der modernen Kultur immer noch zum Tragen kommt. Die natürliche Erfahrung der Tages- und Jahreszeiten wird in anthropomorpher Weise auf die menschliche Lebenszeit bezogen, wobei die zyklischen Naturabläufe der Irreversiblität des menschlichen Lebens entsprechend in eine lineare Heilserwartung umgedeutet werden. Die individuelle Lebenszeit dient als Vorbild für die in einem göttlichen Schöpfungsakt gestiftete Weltzeit und wird schließlich zur eschatologischen Vorstellung der Ewigkeit erweitert, der den empirischen Zeitbegriff sprengt.
Während Simrock hier zeigt, wie sich mit dem archaischen Modell der Zeitlichkeit die fernste Zukunft konzipieren läßt, ergänzt er in einem späteren Kapitel die mythologische Konstruktion der Vergangenheit. Als Beispiel dient ihm die Vorstellung der Weltesche, die von den Germanen als *axis mundi* verehrt und in der Edda narrativ entfaltet wird. Der mythische Urbaum Yggdrasil verbindet mit ihrem Wurzelgeflecht die verschiedenen Stockwerke des Weltgebäudes, die von den Göttern, Riesen, Zwergen und Menschen bewohnt werden. Der Weltenbaum »erscheint aber nicht bloß als ein Baum der Welt im heutigen räumlichen Sinne des Worts, es ist auch ein Baum der Zeit: Raum und Zeit gehören zusammen; erst so bilden sie die Welt, die eine räumliche und zeitliche Seite hat. Als Baum der Zeit ist Yggdrasil ein Bild des Lebens der Welt, wie es sich in der Zeit darstellt.«[26] Simrock konkretisiert diese Theorie in seiner allegorischen Ausdeutung der drei Brunnen, die nach dem nordischen Mythos den Weltenbaum bewässern. Der erste Quell liegt bei der Wurzel der Esche, die zu den Menschen reicht, und heißt nach der ältesten der drei Schicksalsgöttinen Urds Brunnen. »Der andere Brunnen ist Mimirs Quelle, worin Weisheit und Verstand verborgen sind. [...] Einst kam Odin dahin und verlangte einen Trank aus dem Brunnen, erhielt ihn aber nicht eher, bis er sein Auge zum Pfand setzte. Dieser Brunnen ist bei der Wurzeln, welche zu den [...] Riesen geht«[27], zu denen auch der weise Mimir

gehört. Der dritte Quell befindet sich schließlich bei der Wurzel, unter der sich das unterweltliche Nibelheim bzw. das Reich der Totengöttin Hel erstreckt, von wo »die urweltlichen Ströme hervorquellen«.

Nach Simrock soll das Motiv der drei Brunnen innerhalb des mythischen Weltbildes auf unterschiedliche Formen und Funktionen der Erinnerung verweisen. Der Autor verknüpft dabei in eigenwilliger Weise verschiedene mythologische Überlieferungen, um ihre ursprüngliche Bedeutung zu erschließen. Diese im höchsten Maße spekulative und anachronistische Interpretation ist von großem Interesse, da sie auf neuere Mythos-Theorien vorausweist. Da der Brunnen Urds der Menschheit zugeordnet wird, soll er die menschliche Geschichte verkörpern, die für Simrock stets Volksgeschichte ist. Die Edda wird hier als deutsche Mythologie gelesen, die einer nationalen Pädagogik dient. »Das Wasser des ersten Brunnens verjüngt. Er ist ein Jungbrunnen«. »Da er nach der ältesten Norne, der Norne der Vergangenheit, benannt ist, so werden wir ermahnt, und wie sehr bedürfen wir Deutschen dieser Mahnung! Das Volksleben müsse aus dem Brunnen der Vergangenheit erfrischt werden, aus dem Strom der Überlieferung, der aus der Vorzeit herfließt. Die Geschichte muß dem Volk, wenn auch nur in Gestalt der Sage, gegenwärtig bleiben.«[28] Der Text zeigt, wie sich politische Identität aus der kollektiven Erinnerung generiert. Dieser Aspekt des kulturellen Gedächtnisses wurde in der neueren Forschung vor allem von Maurice Halbwachs, Yosef Hayim Yerushalmi sowie Jan und Aleida Assmann entwickelt.[29] Dabei wird zwischen der mythischen und der historischen Auffassung der Vergangenheit unterschieden. Der Historismus betrachtet die geschichtlichen Ereignisse in wissenschaftlicher Objektivität und will sie als positive Fakten rekonstruieren, wobei das methodische Ideal der Wertfreiheit herrscht. Das kollektive Gedächtnis beruht dagegen auf der emphatischen Identifikation mit der Überlieferung, die mythisch überhöht und rituell inszeniert wird. Im Erleben der Gemeinschaft ist die Geschichte nicht vergangen, sondern wird zur Gegenwart. So vergegenwärtigen sich religiöse Gemeinden im Kult die göttlichen Offenbarungs- und Heilsereignisse ihrer Frühgeschichte. Aber auch die nationalen Mythen der Neuzeit stiften ein solches Gruppenbewußtsein, indem sie die Gründung der Gemeinschaft beschwören.

Im Unterschied zu dieser genealogischen Funktion der Geschichte, sieht Simrock in der Quelle der Weisheit eine andere Dimension des mythischen Erinnerns. »Mimirs Quelle und die Weisheit, die darin verborgen ist, liegt über die Menschengeschichte hinaus, sie ist älter als die Erschaffung des Menschen: es sind die uranfänglichen Dinge, die urweltlichen, welche die Entstehung der Welt betreffen. Nur die Geschichte des Menschen und des Menschengeschlechts hat Vergangenheit, Gegenwart und Zukunft; was vor der Bildung der Schöpfung und dieser Welt liegt, kennt diesen dreifachen Schritt der Zeit nicht, es liegt der Zeit voraus und verliert sich wenigstens für den Blick jugendlicher Völker im endlosen Meer der Ewigkeit. Nur die urgeborenen Riesen, welchen Mimir angehört, haben davon Kunde«.[30]

Auch hier wird der Mythos dem historischen Zeitbegriff entgegengestellt. Während die historische Zeit einen irreversiblen Ablauf darstellt, kann die mythische Urzeit im Kult immer wieder präsent gemacht werden und so die grundlegenden Werthaltungen einer Kultur vermitteln. Die Sage kann historische Ereignisse in dieser Weise zu normativen Mustern stilisieren. Simrock hebt aber auf die Ereignisse der Urzeit als eigentlichen Gegenstand des Mythos ab. Diese Betrachtungsweise hat in neuerer Zeit Mircea Eliade ins Zentrum seiner religionshistorischen Arbeiten gestellt.[31] Die Schöpfungsmythen zeigen, wie die Götter aus einer chaotischen Vorwelt die Raum- und Zeitordnung des Kosmos schufen. Der Mythos spielt in einer primordialen Zeit, deren Abstand zur Historie sich nicht quantitativ bemessen läßt, so daß unbestimmt von in eo tempore gesprochen werden muß. Die mythische Epoche unterscheidet sich aber qualitativ als *heilige Zeit* von der profanen Geschichte, wobei die empirische Welt an dieser ewigen Idee partizipiert.

Außer diesem kosmogonischen Aspekt sieht Simrock im Mythos noch eine tiefergehende Aussage über den Ursprung der Wirklichkeit. »Auf eine noch entferntere Periode, auf den ersten Ursprung alles Seins, deutet der dritte Brunnen unter der Wurzel, die zur Hel reicht; von ihr wissen selbst die Riesen nicht, denn auch sie waren noch unentstanden. Es ist der Brunnen Hwergelmir, dem einst der Urstoff entquoll, zu dem auch alles Sein zurückströmt.«[32] Der Mythos erhält einen ontologischen Charakter, der nicht mehr durch die Narration und Personifikation der Schöpfungsmythen vermittelt wird, sondern eine philosophische Reflexion in abstrakten Bildern gestaltet. Dieses theoretische Potential des Mythos hat in neuerer Zeit besonders Kurt Hübner betont.[33]

Karl Simrocks »Deutsche Mythologie« geht in konzeptueller Hinsicht weit über das Vorbild Jacob Grimms hinaus, der sein Material in einer Abfolge von Stichworten behandelt. Dagegen entwirft Simrock nicht nur weitreichende theoretische Modelle, sondern folgt im Ganzen einem poetischen Kalkül, das im »Plan der Abhandlung« explizit wird. Die Systematik und literarische Gestaltung des Textes soll sich aus den Formen der germanischen Mythologie ergeben. Während die griechische Dichtung das Heldenepos bevorzugte, in dem die Götter nur sporadisch auftreten, stellt der germanische Mythos das Leben der Götter in den Mittelpunkt. Im Unterschied zur *ewigen Heiterkeit* der griechischen Götter, entbindet der germanische Mythos eine besondere poetische Dynamik: »alles ist hier Kampf, Drang und Bewegung; es ist episches, ja dramatisches Leben darin.«[34] Wie Friedrich Schlegel stellt Simrock die Eschatologie als zentrales Moment der deutschen Mythologie heraus, das sie vom Griechentum unterscheidet. Der germanische Schicksalsglaube

wird dabei zur Grundlage einer spezifischen religiösen Ethik und literarischen Ästhetik. Die göttliche wie die menschliche Lebenswelt erscheint den Bedingungen einer radikalen Zeitlichkeit unterworfen. Die apokalyptische Befristung der Existenz soll die innerweltliche Moralität motivieren und so dem Erlösungsglauben Evidenz verleihen. »Das Schicksal schwebt drohend über« den Göttern, »sie fühlen, daß sie untergehen werden und mit ihnen die Welt, die sie geschaffen haben. [...], sie bieten alles auf, die zerstörenden Mächten zu bewältigen, aus dem Kampf mit ihnen als Sieger hervorzugehen. Sie siegen aber nur, indem sie fallen und in Flammen geläutert sich verjüngen.«
Ebenfalls wie Friedrich Schlegel leitet Simrock aus dem eschatologischen Charakter des germanischen Mythos eine metaphysische Bestimmung des Tragischen her. Während aber Schlegel in der germanischen Dichtung die romantische Ironie vorgebildet sieht, orientiert sich Simrock an der klassischen Dramenform, die in der hegelianischen Literaturästhetik der Biedermeierzeit zur höchsten poetischen Gattung avancierte. Das strikte Konstruktionsprinzip der Tragödie wird dabei mit der deterministischen Weltanschauung des Mythos in Entsprechung gesetzt und dessen wissenschaftlicher Darstellung zu Grunde gelegt: »die Scenen reihen sich [...] wie in einem Drama: es ist das große Weltendrama, das sich in seine Aufzüge und Auftritte zerlegt, und dessen allmählicher Entwicklung wir nur zu folgen brauchen«. Während die Frühromantik im mythologischen Denken einen prismatischen Beziehungszauber erkennt, konstruiert Simrock die Sagengeschichte im Sinne der einsinnigen evolutionären Weltanschauung.
Das Werk Karl Simrocks verbindet die Germanenrezeption der Romantik mit der des späten 19. Jahrhunderts, wie sie in Richard Wagners »Der Ring des Nibelungen« gipfelt. Der Komponist schöpfte die mythologischen Hintergründe seiner Werke aus den Abhandlungen Jakob Grimms und Karl Simrocks, wovon noch

ausführlicher zu berichten ist. Karl Simrocks Auffassung der deutschen Mythologie mußte Wagner aus verschiedenen Gründen besonders entgegen kommen. Wenn er das deutsche Altertum vor den Hintergrund der nordischen Edda stellt, betont er das mythopoetische Element und schafft zahlreiche Möglichkeiten für die musik-theatralische Ausgestaltung. Die Konstruktion der Mythologie in Analogie zur Tragödie, die sich als logisch motivierte Entwicklung dramatischer Situationen darstellt, entspricht dem musikalisch-literarischen Verfahren Wagners. Dieser erkennt im Mythos das Urmodell der theatralischen Aktion, die das Musikdrama entwickeln soll. Die »Ring«-Tetralogie verkettet die vielfältigen mythologischen Motive durch ihre literarische und musikalische Verweistechnik zu einer für die Figuren unentrinnbaren tragischen Entwicklung. Simrocks Aufgipfelung der germanischen Schicksalsvorstellung in einem christlich-humanistischen Erlösungsgedanken entspricht dabei der Wagnerschen Weltanschauung. Das Bühnenfestspiel »Der Ring des Nibelungen« gestaltet die deutsch-germanische Mythologie programmatisch als Welttheater im Sinne Simrocks, wobei die Handlung durch den Kampf dualistischer Prinzipien bestimmt wird.

---

1 Vgl. Maria Tatar, Von Blaubärten und Rotkäppchen. Grimms grimmige Märchen, Salzburg/Wien 1990.
2 Brüder Grimm, Kinder- und Hausmärchen, hrsg. v. Friedrich Panzer, Wiesbaden o.J., S. 55.
3 Ebd., S. 56f.
4 Ebd., S. 57.
5 Vgl. Wolf-Daniel Hartwich, »Christlicher Monotheismus und Germanische Theologie. Schöpfungsmythen in der mittelalterlichen Literatur und ihre politisch-kosmologische Funktion«, Zeitschrift für Religions- und Geistesgeschichte, Bd. 48 (1996), S. 39-67.

[6] Brüder Grimm, Kinder- und Hausmärchen, S. 58.
[7] Ebd., S. 59.
[8] Ebd., S. 62.
[9] Jacob Grimm, Deutsche Mythologie, hrsg. v. Elard H. Meyer, Berlin 1875-78, Nachdruck: Graz 1968, Bd. 1, S. VIII.
[10] Ebd., S. IX.
[11] Ebd., S. XIX.
[12] Ebd., S. 3f.
[13] Ebd., S. 6.
[14] Ebd., S. XI.
[15] Ebd., S. 136.
[16] Ebd., S. 133.
[17] Ebd., S. 6.
[18] Ebd., S. XXIX.
[19] Ebd., S. 5.
[20] Ebd., S. X.
[21] Vgl. Hugo Moser, Karl Simrock. Universitätslehrer und Poet, Germanist und Erneuerer von »Volkspoesie« und älterer »Volksliteratur«. Ein Stück Literatur-, Bildungs-, und Wissenschaftsgeschichte des 19. Jahrhunderts (Philologische Studien und Quellen 82), Berlin 1976.
[22] Karl Simrock, Deutsche Mythologie mit Einschluß der nordischen, 6. Auflage, Berlin 1887, S. 6.
[23] Ebd., S. 1f.
[24] Ebd., S. 4.
[25] Ebd., S. 4f.
[26] Ebd., S. 38f.
[27] Ebd., S. 39.
[28] Ebd., S. 39f.
[29] Vgl. Maurice Halbwachs, Das kollektive Gedächtnis, Frankfurt a.M. 1985; Yosef Hayim Yerushalmi, Zachor: Erinnere dich! Jüdische Geschichte und Jüdisches Gedächtnis, Berlin 1982; Jan Assmann, Das kulturelle Gedächtnis. Schrift, Erinnerung und politische Identität in frühen Hochkulturen, München 1992; Aleida Assmann, Arbeit am natio-

nalen Gedächtnis. Eine kurze Geschichte der deutschen Bildungsidee, Frankfurt a.M./New York 1993.
30 K. Simrock, Deutsche Mythologie, S. 40.
31 Vgl. Mircea Eliade, Mythos und Wirklichkeit, Frankfurt a.M. 1988.
32 K. Simrock, Deutsche Mythologie, S. 40.
33 Vgl. Kurt Hübner, Die Wahrheit des Mythos, München 1985.
34 K. Simrock, Deutsche Mythologie, S. 13.

III. Revolution und Aberglauben in der deutschen romantischen Oper

1. Die romantische Oper: Sozial-ästhetische Kontexte

Die Geschichte der Oper im 19. Jahrhundert spiegelt die kulturellen und gesellschaftlichen Umbrüche dieser Zeit in besonders krasser Weise.[1] Denn gerade die hoch artifizielle Welt des Musiktheaters ist auf das Engagement qualifizierter Künstler und die spontane Begeisterung eines großen Publikums angewiesen, das den immensen Aufwand finanziert. Die Transformation der höfischen Theaterkultur in das bürgerliche Musikleben erschloß der Gattung neue Ressourcen, die formale Experimente ermöglichten und ästhetische Sensationen forderten. So kam es zur Neuerfindung einer Gattung, die sich von den traditionellen Modellen emanzipierte. Das identitätsstiftende Moment der Sprache, das für die Formierung der neuen kulturtragenden Schichtung von besonderer Bedeutung war, kommt dabei auch in der Musikgeschichte zum Tragen. So entstand bereits im 18. Jahrhundert das deutschsprachige Singspiel im Kontrast zur italienischen Oper.[2] Diese internationale Entwicklung zeigt sich etwa auch in der Londoner »Beggar's Opera«, die erfolgreich mit Händels Opernunternehmen konkurrierte. Als Alternative zur französischen Barockoper, welche die antiken Götter- und Heldensagen zur Selbstdarstellung der absolutistischen Hofgesellschaft einsetzte, entstand die den Alltag des dritten Standes spiegelnde opéra comique. Die meisten Werke dieses populären Genres lieferten bewußt Unterhaltung, wobei sie die Traditionen des Volkstheaters

aufgriffen. Von dem heroischen Pathos der hohen Gattung nahmen sie Abstand oder gaben es gar der Lächerlichkeit preis. Während die Rezitative und Arien der opera seria die gehobene Deklamation des klassizistischen Dramas umsetzten, gestaltet der Wechsel von gesprochenem Dialog und Musiknummern in der komischen Oper die Prosa des bürgerlichen Alltags mit ihren gelegentlichen empfindsamen Aufschwüngen.
Allerdings machten sich auch Komponisten des klassischen Genres die Ideale der Französischen Revolution zu eigen und stellten ihre Kunst in den Dienst der Republik. Die Napoleonische Zeit erlebte die Geburt der grand opéra, welche sich die gewichtigen historischen Stoffe neu eroberte, um in ihnen den imperialen Gestus und das revolutionäre Erbe der grande nation zu spiegeln.[3] Gleichwohl blieb das Italienische noch für lange Zeit das europäische Idiom des Belcanto und der Oper. Von exemplarischer Bedeutung ist hier Gasparo Spontini, der von Kaiserin Josephine zum Hofkomponisten ernannt und später von Friedrich Wilhelm III. nach Berlin berufen wurde, wo er sich heftige Kämpfe mit den romantischen Neuerern lieferte.
Die Anfänge der deutschen Oper blieben im bescheidenen Rahmen des Singspiels, wobei Mozarts Beiträge zu dieser Gattung einen Sonderfall darstellen.[4] Allein Beethoven gelang es nach langwierigem Ringen mit der Gattung, das bürgerlich-revolutionäre Ethos in seinem »Fidelio« wirkungsmächtig auf die Bühne zu bringen. Die entscheidenden gesellschaftlichen Anstöße erhielt die deutsche Oper durch die Befreiungskriege und die anschließende Restauration. Viele Komponisten wandten sich in dieser Zeit gegen die italienische Oper, die mit der Fremdherrschaft wie dem monarchistischen Regime identifiziert wurde. Die Idee einer nationalen Oper faszinierte dabei nicht nur so unterschiedliche Musiker wie Louis Spohr, E. T. A. Hoffmann, Heinrich Marschner, Giacomo Meyerbeer, Robert Schumann und Richard Wagner, sondern sie wurde auch Teil des kulturellen Selbstverständnisses der gebildeten Schich-

ten.[5] Carl Maria von Webers Oper »Der Freischütz« wurde zum Symbol dieser Bewegung. Der zeitgenössische Bericht über die Berliner Uraufführung am 18.6.1821 im Schauspielhaus am Gendarmenmarkt zeigt die Chemie des Publikums, die dem musikalischen Ereignis politische Sprengkraft verleihen konnte: »Die Parterre füllte, dicht gedrängt, Kopf an Kopf, die jugendliche Intelligenz, das patriotische Feuer, die erklärte Opposition gegen das Ausländische: Studenten, Gelehrte, Künstler, Beamte, Gewerbetreibende, die vor acht Jahren in Waffen geholfen hatten, den Franzmann zu verjagen.«[6] Der Text kontrastiert dabei in geradezu parodistischer Personifikation den älteren Typus des romantisch-zynischen Weltschmerzästheten mit dem auf kollektive Affirmation eingestimmten Publikum: »Unter Carolines Loge stand [...] die lange schmächtige Gestalt Heinrich Heines, der in seiner sarkastischen Weise sagte, er wolle es sich einmal gefallen lassen, ›kindliche Verse‹ für Byrons ›Child Harold‹ einzutauschen (mit dem er sich gerade beschäftigte), und ein kleiner, kräftiger Student mit gewaltiger Lunge und knallenden Händen.« Der deutsch-jüdische Intellektuelle erscheint hier als Fremder innerhalb des nationalen Kunstenthusiasmus, den er gleichwohl als Ausdruck einer volkstümlich-naiven Poesie mit ironischer Distanz würdigt.

2. Die Wolfsschluchten der Vernunft: Carl Maria von Webers »Freischütz« und seine Quellen

Der Theologe und Musikhistoriker Philipp Spitta, der als epochaler Biograph Johann Sebastian Bachs in Erinnerung geblieben ist, summiert in einem Aufsatz über »Carl Maria von Weber« von 1886 die national-romantische Deutung des Komponisten im 19. Jahrhundert. Dabei weist er auf die Verankerung der Werke Webers in den kultur-, kunst- und religionstheoretischen Debatten hin, die das Konzept der »deutschen Mythologie«

ausbildeten.»Wenn Herder zuerst erkannt und die Romantiker den Gedanken weiter verfolgt hatten, daß hinter allen Kunstwerken der Geist der Völker stehe, welcher die letzte unterscheidende Eigenthümlichkeit derselben bestimme, so ist in Weber's Opern dieser Gedanke zur Tat geworden, indem er einer jeden ihr eignes Localcolorit gab«.[7] Die musikalische Stilistik Webers erscheint somit nicht als Inkarnation des deutschen Volksgeistes, sondern als eine ästhetische Hermeneutik, welche die Individualität und Pluralität der Zivilisationen zu erschließen sucht. Das Spektrum der kulturhistorischen Konstellationen und musikdramatischen Idiome reicht dabei vom Bagdad Harun al Raschids, dem pikaresken Spanien, dem hochmittelalterlichen Frankreich bis zum Böhmerwald nach dem Dreißigjährigen Krieg. Wenn das Werk Webers der Begeisterung für das Eigene wie der Faszination durch das Fremde genuinen Ausdruck verleiht, setzt es die frühesten Impulse der literarischen Romantik fort. Das Gefühl für das Authentische mußte sich am Fernen sensibilisieren, bevor es das Autochthone wiederentdecken konnte. Der Begriff des Romantischen stammt, wie Spitta zurecht anmerkt, aus der Beschäftigung mit der spätmittelalterlichen Romanzen-Literatur, einer Art »phantastischer und abenteuerlicher Erzählungen [...] bei den romanischen Völkern. [...] Einen neuen Zufluß erhielt der fabulirende Strom durch die orientalischen Märchen, welche 1704 zuerst durch Galland ins Französische [...] übertragen wurden.«[8]
Während dieser romantische Exotismus zu einem beliebigen Spiel mit den Stoffen und Formen führte, wurde eine vertiefte Gestaltung erst durch die Erschließung der religiös-normativen Dimension der Dichtungen ermöglicht.»Wiederum war es Herder, der das große, lösende Wort sprach, Volkssagen und Märchen seien Resultate der sinnlichen Anschauung der Kräfte und Triebe des Volksglaubens«.[9] Das Musiktheater Webers sollte das kollektive Bewußtsein, wie es in Mythos und nationaler Erinnerung lebendig ist,

dramaturgisch umsetzen. »Geschichte und Sage sind ihrer Natur nach episch. Und wenn das symbolische Wesen der Sage bei ihrer künstlerischen Behandlung durchgefühlt, wenn der Zeit und dem Volke, dem die Handlung angehört ein unterscheidendes, individuelles Gesicht gegeben werden soll, dann wandeln sich leicht die einzelnen Individuen zu Typen um, in denen sich allgemeine Lebensmächte verkörpern, und der Nachdruck fällt weniger auf die Handlung des Einzelnen, als auf die Darstellung der Zustände und die Stimmung der Massen.«

Der religiöse Charakter des Weberschen Opernschaffens erschöpft sich für Spitta aber nicht in der nationalen Mythologie, sondern enthält eine spezifisch christliche Dimension, die ebenfalls eng mit der zeitgenössischen politischen Mentalität zusammenhängt. »Wie Weber von dem patriotischen Pathos der Zeit der Befreiungskriege tief erfüllt war, so war er es auch von der echten Religiosität derselben. Sein ›Freischütz‹ ist die erste Oper, in welcher Frömmigkeit und kindliches Gottvertrauen bedeutsame Momente bilden. Sie sind mit einer Innigkeit vom Componisten erfaßt, die allein seinen religiösen Ernst beweisen würde, wüßte man nicht auch sonst von diesen. Jene alte Sitte, nach welcher die Componisten am Schlusse eines größeren Werkes zu schreiben pflegten: Soli dei gloria, ›Gott allein sei Ehre‹, eine Sitte, die Anfangs unseres Jahrhunderts schon abgekommen war, hat Weber noch beibehalten. Man pflegte sie zumeist nur bei kirchlichen und geistlichen Werken zu beobachten. Weber folgte ihr auch bei seinen Opern. Wie merkwürdig mischen sich auch hier wieder die alte und die neue Zeit in ihm! Es ist merkenswerth, daß er Katholik war. Nicht, als ob ich eine Parallele mit den romantischen Dichtern ziehen wollte, die sich in krankhafter Überreizung dem Katholizismus zuwendeten«.[10]

Wenn Weber die Oper im romantischen Geist sakralisiert, steht seine traditionelle Gläubigkeit doch quer zu den Exaltationen der Kunstreligion. Webers Meister-

werk vereinigt in exemplarischer Weise deutsche Mythologie und Christentum. Carl Maria von Weber hat den Text in enger Kooperation mit seinem Librettisten Johann Friedrich Kind erarbeitet, wobei die Handlung im Wesentlichen auf Johann August Apels Erzählung »Der Freischütz. Eine Volkssage« zurückgeht.
Der Freischützglaube ist zuerst im »Hexenhammer (Malleus Malleficarum)« von 1487 überliefert, in dem die Inquisitoren Heinrich Institoris und Jacob Sprenger die theologischen und juristischen Grundlagen der Hexenprozesse systematisierten.[11] Wenn der *Freischütz* einen Pakt mit dem Bösen schließt, um sich *Freikugeln* zu verschaffen, die jedes gewünschte Ziel treffen, entspricht diese Vorstellung dem spätmittelalterlichen Hexenglauben. Der Hexe oder wie in diesem Fall dem Hexer wurde vorgeworfen, mit dem Teufel im Bunde zu stehen, um sich selbst mit magischen Mitteln Vorteile zu verschaffen und anderen Menschen Schaden zuzufügen. Der älteste ausführliche Bericht über das Gießen von Freikugeln stammt aus dem Strafprozeß, der im Jahre 1710 gegen den 18-jährigen Georg Schmid in Böhmen geführt wurde. »Der Bursche goß am Abdonstage auf einem Kreuzweg mit einem Jäger nackt 63 Kugeln, wobei sich allerlei Teufelsspuk zeigte.«[12] Der Fall wird in Apels Erzählung zitiert, im Mittelpunkt der Novelle steht allerdings wie später bei Weber die Geschichte des unglücklichen Jägers Wilhelm, bzw. in der Oper Max.
Wilhelm muß einen Probeschuß absolvieren, bevor er seine Braut heiraten und die Stelle des Schwiegervaters übernehmen kann, dessen Ahnherr, Kuno, die Erbförsterei einst durch ein wunderbares Ereignis auf einer herrschaftlichen Jagdpartie verliehen bekam. »Da jagten die Hunde einen Hirsch heran, auf dem saß ein Mensch, der kläglich die Hände rang und jämmerlich schrie, denn das war damals die tyrannische Weise unter den Jagdherren, daß sie die armen Menschen, oft wegen geringer Jagdfrevel, auf Hirsche schmiedeten, daß sie elendiglich zerstoßen und zerissen wurden oder

vor Hunger und Durst umkommen mußten. Wie der Herzog das ansichtig wurde, ward er über die Maßen zornig, stellte das Jagen ein und verhieß einen großen Lohn, wenn sich jemand getraute, den Hirsch zu treffen, dabei aber drohte er mit Ungnade und Bann, wenn der Schütze den Menschen verletzte, denn er wollte diesen lebendig haben, damit er wüßte, wer sich gegen sein Verbot solcher grausamen Tat erkühnt hätte [...] Da nahm Kuno seine Büchse, spannte sie in Gottes Namen und befahl die Kugel den heiligen Engeln mit einem gläubigen Gebet. So schoß er wohlgemut und ohne lang zu zielen in den Wald, und in dem Augenblicke floh der Hirsch heraus, stürzte und endete, aber der Mensch blieb unverletzt. [...] Aber von Glück und Geschick ist der Neid niemals weit, [...] da waren viele [...], die beschwatzten den Herzog, der Schuß wäre mit Zauberei und Teufelskünsten geschehen, weil Kuno gar nicht gezielt, sondern einen Freischuß, der allemal treffen muß, ins Blaue hinein getan hätte, da wurde denn beschlossen, daß von Kunos Nachkommen jeder einen Probeschuß tun muß, eh' er die Försterei bekommt.«[13] Die Episode zeigt die eigentümliche Mischung von primitiven Ritualen, christlicher Frömmigkeit und magischem Aberglauben, das die Jägerkultur in der Erzählung wie der Oper prägt.[14] Die grausamen Bestrafung des Wildfrevels entspricht dem altgermanischen Recht, das die Tat demonstrativ in der leiblichen Sanktion abbildet. Der vom Gebet gelenkte Schuß auf den Hirsch stellt eine Art Gottesurteil dar. Der Hexenglauben erscheint in Jacob Grimms »Deutscher Mythologie« ebenfalls als Nachleben der durch das Christentum verdrängten germanischen Religion.
Die »Freischütz«-Sage Apels steht aber auch in der romantischen Tradition, die in einem christlichen Horizont den deutschen Volksglauben und die jüdische Mythologie verbindet. Wenn der Teufel in der Erzählung Sammiel heißt, geht dieser Name auf die apokryphe Literatur des Judentums zurück, die den Höllenfürsten und Todesengel Samma'el nennt.[15] Die helfenden

Mächte der volkstümlichen Glaubenswelt werden ebenfalls mit dem jüdischen Engelsglauben identifiziert. Als Rudolf den Verdacht äussert, der Ahnherr Kuno habe bei seinem Meisterschuss Zaubermittel zur Anwendung gebracht, hält ihm dessen Nachfolger entgegen: »Haben die Engel damals ihm und dem armen unschuldigen Menschen beigestanden, wie wir von ihrem englischen Schutz im Alten Testament mehr Exempel lesen, so wollen wir Gottes wunderbare Güte preisen, aber Teufelskünste lass' ich meinem Urvater nicht nachsagen.«[16]
Die Konkurrenz verschiedener religiöser Normensysteme führt in der Erzählung zu einer moralischen Irritation, die sich im Falle Wilhelms fatal auswirkt. Als Wilhelm vor der Prüfung das gewohnte Jagdglück verliert, verstrickt er sich immer mehr in obskure Machenschaften. Die Erzählung zeigt dabei äusserst subtil, wie sich innerhalb der biedermeierlichen Lebenswelt des Forsthauses unbemerkt dämonische Abgründe auftun. Der Jagdgehilfe Rudolf weist Wilhelm etwa auf die Möglichkeit eines Bannes hin, der auf ihm ruhen könnte und nur durch satanistische Praktiken zu lösen wäre, die das kirchliche Ritual pervertieren »›Geh einmal freitags um Mitternacht auf einen Kreuzweg und mache mit dem Ladestock oder mit einem blutigen Degen einen Kreis um dich, den segnest du dreimal, wie es der Priester macht, aber im Namen Sammiel...‹ ›Schweig!‹ unterbrach ihn der Förster unwillig. ›Weisst du, was das für ein Name ist? Das ist einer von des Teufels Heerscharen.‹«[17] Von einem alten Kriegsinvaliden erhält Wilhelm wenig später fabelhaft treffsichere Kugeln und das Versprechen, ihm weiter zu helfen. Als Wilhelm die geheimnisvolle Munition verschossen hat, um seine Berufsehre wiederherzustellen, wird sein Drang immer stärker, neue »Glückskugeln« zu giessen. Die Erzählung steigert hier die Spannung, indem sie zahlreiche Motive einbaut, die Wilhelm an der Ausführung seines Plan hindern oder als böse Vorzeichen erscheinen. Als Wilhelm schliesslich das Ritual voll-

zieht, ereignet sich ein veritabler Hexensabbath. Ähnlich wie Goethes Faust in der Walpurgisnachtszene aus dem ersten Teil der Tragödie die Hinrichtung Gretchens voraussieht, hat auch Wilhelm eine Vision des schrecklichen Endes seiner Geliebten. Obwohl der Zauberlehrling den Teufel nicht gerufen hat, erscheint er auf dem Höhepunkt der Szene und verkündet ihm die Bedingung des Pakts: »Nimm die Kugeln, die du bereitet hast. Sechzig für dich, drei für mich; jene treffen, diese äffen, auf Wiedersehen, dann wirst du's verstehen.«[18] Die Prophezeiung wird schreckliche Wirklichkeit. Als Wilhelm den Prüfungsschuß auf eine Taube abfeuert, bricht seine Verlobte von der Kugel getroffen zusammen.

Johann August Apel hat sich in der Nachrede zu dem zusammen mit Friedrich August Schulze (unter dem Pseudonym Friedrich Laun) herausgegebenen »Gespensterbuch«, das auch den »Freischütz« enthält, detailliert über seine religiöse und literarische Bewertung des deutschen Aberglaubens geäußert. Die von den Autoren fiktional überformten Volkssagen werden in Analogie zur antiken Mythologie gesetzt. Der Perspektive des kritischen Lesers, welcher die Behauptung übersinnlicher Phänome empirisch überprüfen will, setzt Apel eine ästhetische Wahrnehmung der mythischen Fiktion und Narration entgegen. Die poetisch-theologische bzw. mythenhistorische Sichtweise tritt gleichberechtigt neben die philosophische Untersuchung, der etwa Kant in seiner Schrift »Träume eines Geistersehers« die Visionsberichte des Mystikers Emmanuel Swedenborg unterzogen hat. »›Beweist das Buch die Gespenster‹, fragt dieser, ›oder streitet es dagegen?‹ Keins von beiden, lieber kritischer Leser. So wenig du in deinen Mythologien eine Widerlegung des Polytheismus oder eine Apologie des Heidentums suchst, ebensowenig erwarte in unserm Gespensterbuch etwas für oder wider den Gespensterglauben.«[19] Der Volksglauben soll nicht von der Warte der Aufklärung aus als inferiorer Wahn abgetan werden, sondern kann diese gerade auf die Grenzen ihres Erkenntnisvermögens verweisen. Die Mythopoetik erscheint so zugleich als Kritik der reinen Vernunft, die nicht nur die Bedingung ihrer Möglichkeit rekonstruiert, sondern zugleich ihre Geschichte erzählt. Die Prähistorie der menschlichen Subjektivität, die sich in den Sagen ausspricht, wird in die eschatologische Perspektive der germanischen Mythologie und ihres Übergangs in die biblische Religion gerückt. »Überhaupt, wie der Mythos die Dämmerung vor dem Sonnenaufgang des Glaubens – Götterdämmerung als Morgen –, so ist die Gespenstersage das Zwielicht vor dem vollen Tag der Erkenntnis. Denn wunderbar nennen wir das, dessen Grund wir in unsrer Bekanntschaft mit der Natur nicht auffinden, und wahre Aufklärung verdrängt den Wunderglauben, indem sie jene Bekanntschaft erweitert und das Wunderbare begreifen lernt; während die vermeinte, eingebildete Aufklärung die Tatsache selbst leugnet, weil sie das Wunderbare an ihr nicht begreifen kann, und es deshalb für absolut unbegreiflich zu halten pflegt.«[20] Diese Auffassung des archaischen Weltbildes der Volkssage verweist auf eine Dialektik von Mythos und Aufklärung, wie sie Max Horkheimer und Theodor W. Adorno beschrieben haben.[21] Die Autoren machten bereits im antiken Mythos die Ansätze der rationalistischen Entzauberung der Welt aus. Andererseits entdeckten sie in einer sich absolut setzenden Aufklärung, die das ihr Fremde negiert, die Genese eines totalitären Weltbildes, welche dem Rückfall in die Brutalität des Mythos gleichkommt. In ähnlicher Weise plädiert Apel für eine wissenschafts-theoretische und historisch-kritische Auseinandersetzung mit den Restbeständen des Wunderbaren innerhalb der neuzeitlichen Welt, die weder dem aufklärerischen Hochmut noch dem Obskurantismus verfällt.

Die »Freischütz«-Sage Apels zeigt, daß alle Versuche, den Mythos zu rationalisieren, zum Scheitern verurteilt sind und den Aberglauben fördern. So redet sich Wilhelm ein, daß die Herstellung der Freikugeln nur ein

Akt der menschlichen Naturbeherrschung sei. »Der Mensch bändigt den mächtigen Trieb des Tieres, das nach des Herrn Willen sich bewegt, warum sollt' er nicht durch natürliche Kunst den Lauf des toten Metalls lenken können, das erst durch ihn Bewegung und Kraft erhält.«[22] Die unheimliche Szenerie des mitternächtlichen Zauberkreises zeigt allerdings, wie sich hinter der bedingungslosen Verherrlichung der Technik ein vorzeitlicher Glaube an magische Kräfte verbirgt. Das in Webers Oper hinzukommende Motiv des Tieropfers macht besonders deutlich, wie die Manipulation der Naturmächte in ihre Idolatrisierung umschlägt. Wenn »das rechte Auge eines Wiedehopfs« und »das linke eines Luchses« (II/6) der mystischen Mixtur beigefügt werden, soll ihr Anwender an den Fähigkeiten der Tiere partizipieren. Neben dieser Transformation der Hexerei in Technologie, welche sich den Mythos positiv zu nutze machen will, steht die religiös-moralische Abgrenzung von diesen Praktiken. Auch diese Strategie der Rationalisierung des Wunderbaren erweist sich in der Erzählung als ambivalent und befördert die katastrophische Entwicklung. So wird der historische Fall des böhmischen Freischützen in der Erzählung als Exempel referiert. Der Förster belegt mit der Episode die Lehre: »Wer Teufelskünste treibt, mit dem nimmt's niemals ein gutes Ende, wie ich selbst angesehen habe, als ich noch bei Prag im Böhmischen lernte.«[23] Die Geschichte zeigt im Rahmen der christlichen Hausgemeinschaft die gewünschte erbauliche Wirkung. »›Gott bewahre jeden Christen vor solchen Schlingen des Satans‹, sagte die Försterin und bekreuzte sich«.[24] Dem an seinem Glauben irre gewordenen Wilhelm gibt die Erzählung dagegen den letzten Anstoß, der Versuchung nachzugeben und sein Glück mit Hilfe der geheimen Künste zu versuchen.

Das magische Weltbild erfährt eine Verinnerlichung, wenn die übernatürlichen Phänomene als Träume und Visionen Wilhelms erscheinen, deren Realitätsgehalt letztlich unbestimmbar bleibt.

Die Erzählung belegt die wissenschaftliche Anschauung des 19. Jahrhunderts, welche die in den archaischen Gesellschaften als Ausdruck des Heiligen aufgefaßten ekstatischen Erfahrungen am Maßstab der geistigen Normalität pathologisiert.[25] Wenn Wilhelm die Freikugeln gießt, erscheint ihm ein »altes gebücktes Mütterchen«. »Sie war ringsum mit hölzernen Löffeln, Rührkellen und anderem Küchengerät behangen und machte ein fürchterliches Geklapper«.[26] Dieses Instrumentarium verweist auf die Formen der schamanistischen Ekstase und Divination.[27] Als ihm die Erscheinung in den Rätselreimen des Märchens den Tod seiner Braut prophezeit, sucht Wilhelm dieses außeralltägliche Verhalten in die sozialen und medizinischen Kategorien der bürgerlichen Gesellschaft einzuordnen, die das bedrohlich Fremde in ihren karitativen Asylen wegschließt.[28] »Das alte Weib war ihm nicht unbekannt. Eine wahnsinnige Bettlerin war sonst öfters in diesem Aufzug in der Nachbarschaft umhergegangen, bis sie endlich im Irrenhaus eine Versorgung gefunden hatte.«[29] Die rationalistische Abgrenzung gegen das Verrückte kann aber auch in ihr Gegenteil umschlagen, zumal die Herrschaft der Vernunft nicht absolut ist. Der Fall Wilhelms wird daher anders als der des historischen Freischützen Georg Schmid nicht in erster Linie als religiöser Frevel, sondern als geistige Devianz gewertet. Die theologischen und juristischen Instanzen, die dem Unheimlichen in den Hexenprozessen noch selbstbewußt entgegentraten, müssen ihr Erklärungsmonopol an die Psychiatrie abgeben. »Der Kommisar und der Pfarrer suchten vergebens, den verwaisten Eltern Trost zuzusprechen. [...] Wilhelm beschloß sein Leben im Irrenhaus«.[30]

Die Operndichtung Friedrich Kinds nimmt die Psychologisierung der Erzählung zurück und stellt das Freischützmotiv in ein christliches Bezugsystem. Während in Apels Freischützsage alle normativen Maßstäbe angesichts des Irrationalen und seiner verschiedenen Interpretationen fragwürdig werden, profiliert das Libretto einen Dualismus von Gut und Böse. Im Prolog zur Handlung tritt ein frommer Eremit auf, der den Anschlag des Bösen auf die Braut Agathe voraussieht, diese warnt und durch sein Gebet schützt. Den Gegenpart bildet der Jägerbursche Kaspar als Laster- und Versucherfigur, in der Kind die Züge des abergläubischen Jagdgehilfen Rudolf und des diabolischen Invaliden vereinigt. Die beiden Gestalten gewinnen dabei allegorische Bedeutung, indem sie auf transzendente Mächte verweisen. Während der Eremit die göttliche Macht vertritt, hat Kaspar mit Samiel einen Pakt geschlossen, der ihn verpflichtet, dem Bösen immer neue Opfer zuzuführen. Der Protagonist Apels verstrickt sich in ein Netz zufälliger Hinweise und gelangt auf der Suche nach ihrer geheimen Bedeutung in die Szenerie der mitternächtlichen Schädelstätte. Der Spuk wird in Gang gesetzt, als er die Freikugeln zu gießen beginnt und sich so für eine irrationale Deutung der Wirklichkeit entscheidet, welche die Erscheinung Sammiels hervorbringt. Bei Kind und Weber wird Max dagegen von Kaspar in die Wolfsschlucht geführt, der als »Hexenmeister« (II,6) die geheime Zeremonie vollzieht und Samiel anruft.

Den Prolog Kinds hat Weber nicht vertont, da er ihm als Beginn der Oper zu abstrakt und undramatisch erschien.[31] Die erste Szene zeigt nun ein Schützenfest, in dessen Volkstänzen und Spottgesängen Lust wie Aggression der Dorfgemeinschaft manifest werden. Der Dichter beharrte aber darauf, daß die Eremiten-Szene in die gedruckte Fassung des Librettos aufgenommen wurde. Denn die dramaturgische Bedeutung des Eremiten ist immens, da er die Wendung der Handlung zu einem glücklichen Ende herbeiführt. Die geweihten Rosen, die der heilige Mann Agatha gegeben hat, schützen sie vor der Teufelskugel, die an ihrer Stelle Kaspar trifft. Der soziale Ausschluß des verdächtigen Subjekts, das schon zuvor durch seinen ausschweifenden Lebenswandel auffällig geworden war, vollzieht sich nach religiös-moralischen Kategorien: »Er war von je ein Bösewicht/Ihn traf des Himmels Strafgericht« (III,6). Auf den Rat des Einsiedlers begnadigt der Fürst den verführten Max: »Ihm, Herr, der schwer gesündigt hat,/Doch sonst stet's rein und bieder war,/Vergönnt dafür ein Probejahr!/Und bleibt dann, wie ich ihn stets erfand/So werde sein Agathes Hand«.

Die Erzählung Apels zeigt die Verunsicherung einer am innerweltlichen Leistungsethos der protestantischen Moderne orientierten Gesellschaft durch die Erfahrung des Wunderbaren. Kind und Weber demütigen die selbstbewußte Vernunft der Moderne, indem sie die kreatürliche Schuld und die übernatürliche Heiligkeit als Dimensionen der menschlichen Existenz auf die Bühne bringen. Dabei kommt das von Spitta betonte vormoderne katholische Moment im Schaffen Webers zum Tragen. Am Scheitern des Forstgehilfen zeigt Apel, wie sich die sittliche Autonomie in ihr Gegenteil verkehren kann. Nachdem das bürgerliche Subjekt den Horizont des christlichen Weltbildes überschrittenb hat, nähert es sich dem Abgrund des Nihilismus, gerät in die Fallen des Aberglaubens und versinkt in den Abgründen des Wahnsinns. Der gute Ausgang von Webers Oper baut dagegen auf die menschliche Gewissensfreiheit und die göttliche Führung. Der liberale Katholizismus des »Freischütz« reduziert das Göttliche wie das Diabolische allerdings auf moralische Kategorien. Die Ausrichtung an sozialen Normen soll das Individuum in die Gemeinschaft integrieren und so der modernen Sinnkrise entreißen.

Das Heilige wandert aber unter den Bedingungen der Säkularisierung in andere Bereiche des sozialen Lebens ein. Während die alteuropäisch-christliche Staatstheologie die irdische Herrschaft durch ihre Entsprechung zum himmlischen Reich Gottes begründet, bricht die Neuzeit dieses Wertgefüge auf.[32] Die Legitimationsdefizite einer Gesellschaft im Umbruch zwischen feudaler und bürgerlicher Mentalität geben dabei den unterschiedlichsten Weltanschauungen Raum, die den sozialen Kosmos revolutionär begründen wollen.

So wird die deutsche Mythologie in Webers »Freischütz« zur politischen Theologie.

Die politische Dimension der Handlung zeigt sich bereits in der ersten Szene, die gegenüber der Vorlage einen neuen Akzent setzt. Das Versagen des Jägerburschen Max kulminiert hier darin, daß er beim Preisschießen dem Jäger unterliegt. Das Volk kann über den Jäger als einen Vertreter der Obrigkeit triumphieren. Der Titel des Schützenkönigs kehrt in dem die Szene musikalisch dominierenden Spottlied die gewohnten Herrschaftsverhältnisse um: »Schau der Herr mich an als König!/Dünkt ihm meine Macht zuwenig/Gleich zieh' er den Hut, Mosje!/Wird er, frag ich, he, he, he?« (I/1) Andererseits wird die gesicherte Lebensperspektive, welche das bürgerliche Individuum ihrer Obrigkeit verpflichtet, durch den überkommenen Brauch des Probeschusses in Frage gestellt. Während der Förster Kuno mit der Mahnung »Leid oder Wonne,/Beides ruht in deinem Rohr« (I/2) an die persönliche Leistung des Prüflings appelliert, fühlt sich Max »in des Zufalls Hand« (I/4). Das Bewußtsein der Abhängigkeit von einem willkürlichen Eherecht, das sich der personalen Intimität der bürgerlichen Liebesidee entgegenstellt, läßt ihn am transzendentalen Sinn der sozialen Welt zweifeln. Nihilismus (»Herrscht blind das Schicksal/Lebt kein Gott?«) und Aberglauben (»Doch mich umgarnen finst're Mächte«) sind die Folge. Diese Welthaltung führt die Figur Kaspars ins Extrem. Sein blasphemisches Trinklied parodiert die christlichen Dogmen, indem es die Suche nach innerweltlicher Befriedigung als das einzig mögliche Ziel des so gottverlassenen wie sündhaften Menschen predigt: »Kartenspiel und Würfellust und ein Kind mit runder Brust hilft zum ew'gen Leben« (I/5). Der politische Charakter dieses Libertinismus besteht darin, daß er der christlichen Religion und dem überkommenen Rechtsbrauch das Naturrecht entgegensetzt. Während Max seine private Selbstverwirklichung durch das feudale Gewohnheitsrecht behindert sieht, schlägt ihm Kaspar die revolutionäre Verwirklichung seiner Interessen vor. Die individualistische Revolte gegen das Bestehende entspringt aber keinem aufklärerischen Impuls, sondern steht im Zeichen der Demagogie und des Obskurantismus. Die Szene macht eine solche Charakteristik Kaspars sinnfällig, wenn er Max durch immer neue Trinksprüche seines nüchternen Verstandes berauben und der Verführung zugänglich machen will. Der Verführer nennt hier in perfider Absicht die Personen, welche den bürgerlichen Beziehungsrahmen seines Opfers definieren. Die Affirmation der sozialen Normen hebt diese in ironischer Weise auf. Wenn Kaspar zunächst dem Lehrherrn und der Braut des Max zuprostet, will er sein berufliches Ethos wie privates Sentiment korrumpieren. Der dritte Trinkspruch hebt auf die politische Verpflichtung des Untertanen und ihre religiöse Begründung ab: »Unser Herr Fürst soll leben! Wer nicht dabei ist, ist ein Judas!« Diese Aussage nimmt auf eine politische Theologie Bezug, welche die göttliche Herrschaft Gottes »im Himmel wie auf Erden« analog setzt. Der Monarch erhält als Stellvertreter Gottes im politischen Bereich eine ähnliche Bedeutung wie Jesus Christus in der Theologie. Der Ungehorsam gegenüber dem weltlichen Herrn entspricht so dem religiösen Abfall von dem christlichen Heiland, wie ihn nach dem Bericht der Evangelien Judas Iskariot vollzog. Dieser sogenannte Caesaropapismus trug wesentlich zur Politisierung des christlichen Antisemitismus bei, der die Juden für die Kreuzigung Christi verantwortlich machte und diese Schuld in der Figur des Judas personifizierte. Aufgrund dieser ideologischen Konstruktion des christlichen Staates wurde die jüdische Gemeinschaft nicht nur religiös, sondern auch politisch diskriminiert. Judas war in den Passionsspielen eine »außerordentlich wichtige Figur, die sich auch als Sinnbild des vom Bürgertum als wucherisch eingeschätzten und deshalb gehaßten Juden festsetzte und als solche auf die Entwicklung manchen Brauches wie des Judasjagens und Judasverbrennens und auf die Verbreitung volkstümlicher Lieder eingewirkt haben mag«.[33]

Der Caesaropapismus entstammte dem byzantinischen Kaisertum, verbreitete sich aber auch im christlichen Abendland und bildete auch protestantische Formen aus.[34] Die politisch-theologische Lehre erlebt eine moderne Renaissance bei den Kritikern der französischen Revolution. Die reaktionäre Staatsphilosophie sah die Beseitigung der Monarchie als einen religiösen Sündenfall, der alle moralischen Verpflichtungen hinfällig gemacht habe. Nach dem Sieg über Napoleon suchte sich die Politik der heiligen Allianz und des Regimes Metternich in dieser Weise durch eine christliche Staatsreligion zu legitimieren. In diesem Zusammenhang wurden die Napoleonischen Gesetze aufgehoben, welche die Juden in den säkularen Staat integrieren sollten. Das emanzipierte Judentum wurde überdies als revolutionäres Element verdächtigt. Die Szene aus Webers »Freischütz« kritisiert den christlichen Antijudaismus so wenig wie das bürgerliche Standesbewußtsein, die empfindsame Liebesvorstellung und die christliche Staatslehre. Der Text zeigt aber, wie diese Ideen manipulatorisch eingesetzt werden können. Dabei greift das Stück durchaus christlich- konservative Elemente der politischen Romantik auf. Der radikale Individualismus der Moderne wird als Abfall von der göttlichen Ordnung verurteilt. Der Aufstand des bürgerlichen Subjekts verbündet sich mit dem metaphysischen »Feind« des christlichen Staates, welcher aus der jüdischen Mythologie hergeleitet wird.

Das Werk steht aber vor allem in einer langen deutschen Tradition, die sich gegen den naturrechtlichen Revolutionsbegriff wandte.[35] Die Französische Revolution hatte in dieser Weise ihre abstrakten Prinzipien an die Stelle der traditionellen Sozialordnungen gestellt. Nach anfänglicher Begeisterung wurde diese Entwicklung von großen Teilen der deutschen Intelligenz als Rückfall in die Barbarei gesehen. Denn das Individuelle werde hier der Idee geopfert und so keine bürgerliche Freiheit erreicht. Friedrich Schiller hat etwa in seinen »Briefen über die Ästhetische Erziehung des Men-

schen« eine Alternative zu diesem politischen Radikalismus aufgezeigt. Die Autonomie des Kunstwerks wird hier zum Modell der politischen Emanzipation. Die Verbindung von politischem Umsturz und Obskurantismus haben Goethe und Schiller in verschiedenen literarischen Zusammenhängen thematisiert.
Im Zusammenhang der Befreiungskriege verstärkte sich die Ablehnung der revolutionären Ideen und die Hinwendung zu den religiösen und nationalen Traditionen, wenn auch die Kritik der feudalen Privilegien und der absolutistischen Willkür virulent blieb. So wendet sich in Webers »Freischütz« der Eremit gegen den Brauch des Probeschusses, der des »Frommen Herz [...] Recht und Pflicht« überschreiten ließ. Der christliche Volksglauben begründet dabei eine charismatische Autorität, welcher sich selbst der Fürst beugt: »Dein Wort genüget mir/Ein Höh'rer spricht aus dir« (III/6).

Die deutsche Oper des 19. Jahrhunderts spiegelt das geistige Klima ihrer Zeit in exemplarischer Weise, wenn sie eine nationalromantische Sichtweise der deutschen Mythologie mit einer liberaldemokratischen Tendenz verbindet, also Nostalgie und Fortschrittsglauben auf dieselbe Bühne stellt. Das Volk wird als soziales Ideal verklärt, es wird aber auch zum Konfliktfeld. Die überkommenen Mythen und Rituale verbürgen einerseits kollektive Identität, können aber andererseits die individuelle Autonomie in Frage stellen. Der politische Dämonismus erscheint als negative Macht des Bestehenden, aber auch als Drohung eines radikalen Umsturzes der gesellschaftlichen Werte. Die soziale Dynamik kann sich entweder als Rückgriff auf einen barbarischen Naturzustand gestalten, der durch die paganistisch-satanistische Weltsicht verkörpert wird, oder als Sublimierung des Volkstümlichen durch das christliche Ethos, das die abergläubische Kulturstufe überwindet. Die kirchliche Hierarchie spielt dabei keine Rolle. Das Heilige wird vielmehr durch religiöse Prophetengestalten und politische Führerfiguren vertreten, die in ihrem persönlichen Charisma das Individuelle mit dem Allgemeinen versöhnen.

3. Deutsche Geschichts-Träume: Richard Wagners »Lohengrin« und Albert Lortzings »Regina«

Der Mythos wird in der romantischen Oper zum Medium zwischen dem rein Musikalischen und dem Politischen. Diese Konstellation belegen zwei Werke besonders deutlich, welche die kulturellen Voraussetzungen und gesellschaftlichen Bedingungen der Gattung summieren, ihre musikalisch-poetischen Ausdrucksmöglichkeiten auf den Gipfel und an ein Ende führen: Richard Wagners »Lohengrin« und Albert Lortzings »Regina«.
Während das Opernwerk Webers noch fest im geistigen wie politischen Horizont der Restaurationszeit wurzelt, wurden »Lohengrin« und »Regina« im Jahre 1848 fertiggestellt, wobei sie in unterschiedlicher Hinsicht die deutsche Revolution und ihre Vorgeschichte dramaturgisch zum Thema machen. Die beiden Stücke und ihre Wirkungsgeschichte dokumentieren auf exemplarische Weise die epochale Transformation von Musik in Politik, wobei der deutschen Mythologie wiederum zentrale Bedeutung zukommt. Die Werke spiegeln so die verstärkte künstlerische Rezeption der germanischen Sagenwelt um die Mitte des 19. Jahrhunderts, die von den Werken Jacob Grimms ausging und noch für Jahrzehnte als Genre präsent blieb.[36] Dabei markiert Wagners »Lohengrin« einen Übergang zwischen den vorangehenden Werken des Komponisten, welche den Traditionen der deutschen romantischen Oper noch stark verhaftet sind, und der Konzeption des »Kunstwerks der Zukunft«, das er in seinen Schriften von 1848/49 entfaltet. Wenn Wagner in seinen romantischen Opern die gesellschaftliche Normen durch die Macht der Liebe und des Heiligen in Frage stellt, geht er nach Vollendung des »Lohengrin« zum aktiven anarchistisch-poli-

tischen Engagement über, das sich in seiner Beteiligung an den Dresdner Aufständen und dem folgenden Exil zeigt. Albert Lortzings »Regina« stellt einen Sonderfall innerhalb der deutschen Oper dar, da das Werk die aktuellen Ereignisse des Jahres 1848 direkt zum Gegenstand macht. Lortzing erlebte die revolutionären Ereignisse in der Hauptstadt des Habsburgerreiches, wo er als erster Kapellmeister des Theaters an der Wien tätig war. Der Komponist engagierte sich für die Nationalgarde und die Akademische Legion, der er vier Chöre widmete.[37]
Die Oper Lortzings fand im kulturpolitischen Klima nach dem Zusammenbruch der Revolution keine Aufführungsmöglichkeit. Die Premiere erfolgte erst im Jahre 1899, wobei das Werk im Sinne des Nationalbewußtseins der Wilhelminischen Zeit umgearbeitet wurde. Das Libretto mutierte im kaiserlichen Auftrag zur »vaterländischen« Oper, indem man die Handlung in die Befreiungskriege verlegte. Die Auseinandersetzungen zwischen den verschiedenen revolutionären Gruppierungen, von denen noch genauer zu sprechen ist, verwandelten sich in den chauvinistischen Gegensatz von Deutschland und Frankreich. Erst im Zusammenhang des Revolutionsjubiläums von 1998 erfuhr das Werk in seiner Originalgestalt eine neue Würdigung durch Inszenierungen in Gelsenkirchen und Karlsruhe.
Die politisch-ästhetische Wirkungsgeschichte des 1850 von Franz Liszt in Weimar uraufgeführten »Lohengrin« entfernte sich ebenso von den Intentionen des Komponisten, indem das komplexe Bedeutungsgeflecht des Werks ideologisch vereindeutigt wurde. Auf der einen Seite avancierte die Gestalt des Gralsritters, der nur solange in der profanen Welt leben kann, wie seine wahre Identität unbekannt bleibt, zu einer Ikone des ästhetizistischen Künstlerkults der Jahrhundertwende. Andererseits knüpfte sich an die Volksszenen und zumal an die Figur König Heinrich des Voglers, der im Stück zum Krieg gegen die Ungarn aufruft, eine nationalistisch-militaristische Deutung, die in Heinrich

Manns Roman »Der Untertan« parodiert wird und bis in die nationalsozialistische Propaganda hineinwirkte.[38] Wenn Wagners Heinrich das Volk Brabants an die »Drangsal« erinnert, »die deutsches Land so oft aus Osten traf« (V.10f.), propagiert diese Aussage keine imperialistische Eroberungs- oder gar rassistische Lebensraumpolitik, sondern spielt im historischen Kontext eher auf die reaktionäre Macht des russischen Zarenreiches an, die ein Bollwerk gegen alle demokratischen Bewegungen in Mitteleuropa bildete.

Wagners »Lohengrin« stellt in der Tat eine Vision der Nationalgeschichte dar, die sich aber als komplexe Textur politischer, ästhetischer und religiöser Aspekte darstellt. Das Mittelalterbild der Oper scheint durch das romantische Prisma, welches allerdings die revolutionären Ideen des Vormärz illuminiert. Die Handlung gestaltet die historischen Fakten wie ihre Chronologie freizügig um und überwölbt sie durch eine religiös-ästhetische Phantasiewelt. Die Authentizität der Szene wird durch die dramatische Rekonstruktion der religiösen Ideen und politischen Rituale des Mittelalters gewährleistet. Die deutsche Mythologie gewinnt dabei als theatralisches Motiv zentrale Bedeutung, wobei sie wiederum mit gegensätzlichen Charakteren wie Konzepten verbunden wird und ihre dramatischen Konflikte grundiert. Das Werk bringt zahlreiche germanische Reminiszenzen aus den von Wagner intensiv studierten Kompendien Jacob Grimms auf die musikalische Bühne. Dabei lassen sich die Figurenkonstellationen und Handlungsmomente auf das strukturelle Vorbild der romantischen Oper beziehen, wie es Wagner in C. M. v. Webers »Freischütz« exemplarisch entgegentrat und von ihm aufgenommen, aber auch überboten wird. Während die Freischütz-Thematik die kollektiven Verunsicherungen der nachrevolutionären Epoche auf den Weltbildwandel der frühen Neuzeit zurückführt, wie er sich im Hexenglauben krisenhaft manifestiert, imaginiert Wagners »Lohengrin« die legendäre Frühzeit der deutschen Geschichte. Der Mythos erscheint aber nicht allein als archaisches Relikt, sondern wird politisch aktualisiert und spirituell transformiert. Die deutsche Mythologie figuriert dabei im Einzelnen als normative Tradition, als reaktionäre Rebellion und als visionäre Innovation.

Eine direkte Kontinuität der germanischen Kultur in der christlichen Gesellschaft des Mittelalters sah Jakob Grimm vor allem im Bereich der »Deutschen Rechtsalterthümer«. Wagner legte im ersten Aufzug des »Lohengrin« zwei für Grimm zentrale mittelalterliche Institutionen der Handlung zu Grunde, das Aufgebot und das Gottesurteil. So heißt es in der ersten Szenenanweisung: »Im Vordergrund links sitzt König Heinrich unter der Gerichtseiche: zu seiner Seite Grafen und Edle vom sächsischen Heerbann. Gegenüber brabantische Grafen und Edle, Reisige und Volk [...]. Der Heerrufer ist aus dem Heerbann des Königs getreten: auf sein Zeichen blasen vier Trompeter den Aufruf«. Der Heerrufer eröffnet das rituelle Verfahren und damit zugleich die Handlung: »Hört! Grafen, Edle, Freie von Brabant!/Heinrich, der Deutschen König kam zur Statt,/Mit euch zu dingen nach des Reiches Recht./Gebt ihr nun Fried' und Folge dem Gebot.« (V.1-4) Wagner stellt hier den Heerbann ganz im Sinne Jacob Grimms nicht primär als militärische Gefolgschaft, sondern als kollektive Entscheidungsinstanz dar. Nach der Entsprechung der altisländischen Thingversammlung soll die »versammlung des ganzen heeres«, die »des ganzen Volkes« bedeuten, »ohne daß man sich darunter lauter krieger zu denken hätte.«[39] Die Szene präsentiert also keine militarisierte Gesellschaft, die nach dem Führerbefehl organisiert ist. Vielmehr baut Wagner das altdeutsche Rechtssystem als Alternative zum zeitgenössischen Monarchismus und dem herausgehobenen sozialen Rang einer aristokratisch dominierten militärischen Kaste auf. Königtum und Kriegerstand erscheinen in der Oper als Organe eines gesamtgesellschaftlichen Konsenses. Die Autorität des Herrschers ist davon abhängig, ob ihn das Volk

als obersten Kriegsherrn und Richter anerkennt. Auf diese plebiszitär-demokratische Deutung konnte Wagner durch einen Hinweis Grimms kommen. So bemerkt dieser über die vergleichbare Situation des königlichen Aufrufs zum Kreuzzug im althochdeutschen Ludwigslied: »die einwilligung zum aufgebot wird merkwürdig betont.«[40]
Die königliche Entscheidungsgewalt stellt sich als Auslegung einer juridischen Norm dar, die sich im Einvernehmen mit dem Rechtsempfinden vollzieht. Des »Reiches Recht« erscheint nicht als literarisch-normativer Text, sondern wird in rituellen Zusammenhängen geltend gemacht, die in archaische Zeiten und ihre kultischen Bedeutungshorizonte zurückreichen. Wagner weicht allerdings von der romantischen Idealisierung der mittelalterlichen Gesellschaft ab. Das Mittelalter wird nicht als eine von eindeutigen politisch-theologischen Ordnungen erfüllte Welt der durch metaphysischen Zweifeln und soziale Entfremdung gezeichneten Moderne entgegengehalten. Das Brabant Wagners steht vielmehr zu Beginn der Oper kurz vor dem Bürgerkrieg, der sich aus konkurrierenden politischen und moralischen Ansprüchen ergibt. König Heinrich charakterisiert die Situation der Brabanter: »wie muß mit Schmerz und Klagen ich ersehn, daß ohne Fürsten ihr in Zwietracht lebt!/Verwirrung, wilde Fehde wird mir kund« (V.29-31). Nachdem Gottfried, der einzige Sohn des verstorbenen Herzogs von Brabant, spurlos verschwunden ist, kommt nur noch seine Tochter, Elsa, für die Thronfolge in Betracht. Der Vormund der beiden Kinder, Graf Friedrich von Telramund, beschuldigt Elsa, ihren Bruder ermordet zu haben und beansprucht den Thron für sich und seine Frau, Ortrud, die letzte Nachkommin der heidnischen Friesenfürsten. Im Hintergrund dieser Intrige steht überdies, daß Telramund selbst erfolglos um Elsa geworben hatte.
Der König beruft sich in dieser disparaten Situation auf eine transzendente Macht, welche die Rechtsfindung lenken und die menschlichen Verhältnisse wieder ins

Lot bringen soll: »Beginnen soll nun das Gericht, Gott laß mich weise sein« (V.76f.). Die Worte des Königs nehmen auf den biblischen Glauben an die göttliche Weisheit und Gerechtigkeit Bezug, die sich über alles weltliche Wissen hinaus im Leben der Erwählten zeigt. Das Modell ist die alttestamentliche Episode vom Urteil des weisen Königs Salomo. Die rituelle Gestaltung der Prozeßeröffnung verweist aber auf vorchristliche Kontexte, wenn es in der Szenenanweisung heißt: »Der König hängt mit Feierlichkeit den Schild an der Eiche auf«. Jacob Grimms »Deutsche Mythologie« widmet dem Baum als göttlichem Symbol bei den Germanen ein Kapitel. Grimms »Deutsche Rechtsalterthümer« enthalten einen Abschnitt über das »gericht unter bäumen«. »Oft wird nur ein einziger genannt, unter dessen Schatten sich richter und urteiler niederließen«[41], »häufig sind es Eichen«[42]. Grimm verweist dabei auf die »heiligkeit der eichwälder und eichen bei den celtischen druiden«.

Der König scheitert jedoch als Mittler des göttlichen Rechts, da seine einfühlsame Vernehmung der Prozeßgegner keine Klarheit schaffen kann. Daher deligiert er die Entscheidung an die übermenschliche und allwissende Instanz zurück, die sich in einem Gottesgericht offenbaren soll. Jacob Grimm schreibt über dieses Verfahren: »Heidnischen ursprungs und aus dem höchsten alterthum scheinen alle gottesurteile; sie hatten so tiefe wurzel im glauben des volkes geschlagen, daß sie das christenthum und die spätere gesetzgebung ihm nur allmählich entreißen konnte, anfangs aber und lange zeiten hindurch dulden und sogar durch kirchliche gebräuche heiligen mußten.«[43] Die Oper wählt hier die Form des Zweikampfes, bei dem der Kläger und Beklagte bzw. ihre Stellvertreter gegeneinander antreten. Im Falle Elsas findet sich allerdings kein Streiter für ihre Sache unter den brabantischen Kriegern, da diese alle Partei für ihren Heerführer Telramund ergreifen. Diese Krise des Rechtsverfahrens verweist auf den von Grimm geschilderten Verfall der Gottesurteile. »Das

gefecht entsprach dem kriegerischen geiste des volks und es war möglich, daß der unschuldige unversehrt aus dem kampf hervorging.«[44] Die Wasser- und Feuerproben, durch die sich der Beklagte in späterer Zeit reinigen mußte, stellten ein Verfahren dar, »das ihn jeder menschlichen erfahrung nach verderben muß; nur ein wunder kann ihn retten«.[45] »Unschuldige opfer dieser rechtssitte« wurden oftmals »frauen, die keine kämpfer für sich finden konnten.«[46] Die ritualisierte Form des Gottesgerichtes gewährt also nicht allen Beschuldigten die gleichen Rechtsmittel und legitimiert eine Vorverurteilung, wie sie in Wagners »Lohengrin« die Reaktion der Männer zeigt, als auf den zweimaligen Ruf des Herolds hin niemand für Elsa kämpfen will: »In düstrem Schweigen richtet Gott« (V.180). Im Stück wird das Scheitern des Rechtsverfahrens durch das wunderbare Erscheinen des Schwanenritters abgewendet. Nach Jacob Grimm läßt sich aus den zahlreichen Berichten von der übernatürlichen Errettung Beklagter in den Volkssagen und Chroniken des Mittelalters keine allgemeine Evidenz der Gottesurteile herleiten. »Ihren traditionen historischen wert beizumeßen, wäre uncritisch, allerwärts lug und trug und künstlich angewandte mittel, wenn sie auch zuweilen stattfanden unterzuschieben, wäre unzureichend.«[47] Die Gottesgerichte konnten nur in Ausnahmefällen Anwendung finden, denn »bei häufiger Wiederholung hätte ein stets unheilvoller ausgang nothwendig den glauben an ihre rechtmäßigkeit vertilgen müssen«.
Wagners »Lohengrin« inszeniert diesen juristischen Ausnahmezustand, der die Wahrheit aus dem Irrationalen gewinnt, und sucht ihn im Rahmen einer romantischen Psychologie plausibel zu machen. Während die mittelalterlichen Quellen von der Faktizität des Wunderbaren ausgehen, stellt es Wagner in einer mystisch-visionären Perspektive dar. So ist Elsa die Gestalt des Retters bereits aus den Traumbildern ihrer Kindheit bekannt und kann von ihr in einem Zustand »schwärmerischer Verklärung« evoziert werden: »In lichter Waffen

Scheine/Ein Ritter nahte da/So tugendlicher Reine/Ich keinen noch ersah:/Ein golden Horn zur Hüften,/gelehnet auf sein Schwert,/So trat er aus den Lüften/Zu mir der Recke wert;/Mit züchtigem Gebaren/Gab Tröstung er mir ein;/Des Ritters will ich wahren,/Er soll mein Streiter sein!« (V.113-124) Das Gebet Elsas läßt ihre individuelle Imagination als kollektive Wahrnehmung Realität gewinnen, wenn die Männer durch das Kommen des Ritters überwältigt werden: »Seht! Seht! Welch ein seltsam Wunder! Ein Schwan!/Ein Schwan zieht einen Nachen dort heran!/Ein Ritter drin hoch steht./Wie glänzt der Waffenschmuck! Das Aug' vergeht vor solchem Glanz.« (V.187-191) Wie in Elsas Gebet wird das Wunderbare hier ästhetisch begründet. Während die biblisch-christliche Tradition die auditive Dimension der Offenbarung, das Wort Gottes, in den Vordergrund stellt, visualisiert Wagner das Heilige. Die Erfahrung der außeralltäglichen Schönheit begründet eine Legitimität neuer Ordnung, welche die traditionellen Rechts- und Religionsbegriffe sprengt. So will der König das mythische Phänomen Lohengrins politisch-theologisch definieren: »Erkenn ich recht die Macht,/Die dich in dieses Land gebracht,/So nahst du uns von Gott gesandt?« (V.210-212) Der Ritter weicht dagegen der generalisierenden Bestimmung seines Wesens aus, indem er seine Sendung auf die personale Beziehung zu Elsa einschränkt, die im gegenseitigen Liebesbekenntnis bestätigt wird. In diesem Zusammenhang steht auch das berühmte Frageverbot, das Lohengrin zur Bedingung einer Verbindung mit Elsa macht: »Nie sollst du mich befragen,/Noch Wissens Sorge traggen/Woher ich kam der Fahrt/Noch wie mein Nam und Art!« (V.231-234) Das Wunderbare kann nur in die Wirklichkeit eingehen, solange sein Geheimnis gewahrt bleibt. Das Wunder offenbart sich nur andeutungsweise in der ästhetischen Faszination seiner symbolischen Ausdrucksseite, während sich seine geheime Bedeutung dem menschlichen Wissen entzieht.
Die esoterische Dimension aller Religion enthält für

Wagner der Gral als Symbol des reinen Christentums, das sich im Mitleid und der Weltüberwindung erfüllt. Lohengrin ist Ritter dieses höchsten Heiligtums der Menschheit und sogar der Sohn des Gralskönigs Parsifal. Der Vertreter des Ideellen muß zu seinem Ursprung zurückkehren, sobald seine Identität der Welt bekannt wird und er mit Weltlichem identifiziert werden könnte. Als Modell des Heiligen dient Wagner hier die Autonomie des Kunstwerks, dessen Wirkung nicht rational programmiert und praktisch instrumentalisiert werden kann. Das reale Kräftemessen des Zweikampfes wird so durch den mystagogischen Akt überboten. Lohengrin müßte Telramund gar nicht mehr besiegen, da er durch sein bloßes Auftreten bereits kollektive Evidenz hergestellt hat. So raten die brabantischen Edlen Telramund: »Steh ab vom Kampf!/Wenn du ihn wagst,/Zu siegen nimmer du vermagst!/Ist er von höchster Macht beschützt,/Sag, was dein tapfres Schwert dir nützt.« (V.256-259) Da die Taten des Heiligen in erster Linie Zeichen sind, tötet Lohengrin den besiegten Telramund nicht nach der Regel des Zweikampfes, sondern mahnt ihn, sein Leben der Reue zu weihen. Die mystische Erscheinung Lohengrins erfüllt aber nicht nur das juristische Ritual des Gottesurteils, sondern auch die politischen Institutionen des Heerbanns und des Fürstentums mit neuem Sinn. Der Schlußchor des ersten Aufzugs feiert Lohengrin als den Stifter einer neuen gesellschaftlichen Einheit, wobei erstmals in dem Akt »der König, alle Männer und Frauen« zusammen singen: »Ruhm deiner Fahrt,/Preis deinem Kommen!/Heil deiner Art!/Schützer der Frommen!« (V.830-833)
Lohengrin übernimmt das Amt des politischen und militärischen Führers, verweigert aber zugleich die institutionelle Einbindung seines Charismas. Wenn er nicht »Fürst«, sondern »Schützer von Brabant« (V.590f.) genannt werden will, weitet er die Intimität seiner Beziehung zu Elsa, die ihn »mein Schirm, mein Engel, mein Erlöser« (V.241) nennt, auf das ganze Volk aus. Die Mystik wird politisch, indem sie das Politische perso-

nalisiert. Den »fremden, gottgesandten Mann« (V.587) kennzeichnet dabei mythische Anonymität, die zum religiösen Mysterium überhöht wird. Der Mythos erscheint in Wagners »Lohengrin« also nicht nur als normative Tradition, wie sie in der von König Heinrich repräsentierten Rechtssymbolik nachlebt, sondern auch als erneuernde Kraft, die das Heilige neu erfahrbar macht und die Bedeutung der alten Rituale revidiert. Diese in der Beziehung Elsas und Lohengrins aufscheinende Transformation der deutschen Mythologie ist durch die individuelle Perzeption und soziale Ästhetisierung des Wunders gekennzeichnet.

Das Gegenprinzip einer politischen Wiederkehr der alten Götter vertritt im Stück Ortrud, wobei das ganze Ausmaß ihrer Verschwörung gegen Elsa erst zu Beginn des zweiten Aufzugs deutlich wird. Der mit Acht und Bann belegte Friedrich Telramund macht Ortrud für den Verlust seiner Ehre verantwortlich, die aus der Beschuldigung Elsas resultierte. »War's nicht dein Zeugnis, deine Kunde,/Die mich bestrickt, die Reine zu verklagen?/[...] Umstricktest du/Mein stolzes Herz durch die Weissagung nicht,/Bald würde Radbolds alter Fürstenstamm/Von neuem grünen und herrschen in Brabant?« (V.369.374-377) Die Revolte Ortruds will also zur heidnischen Stammesgesellschaft ihrer Vorfahren zurückkehren, was gegenüber der höheren politischen Form des römischen Reiches deutscher Nation einen historischen Rückschritt bedeutet. Das egozentrische Machtstreben dieser negativen Figur entspricht ihrem tribalistischen Horizont, der sich nicht zum christlichen Universalismus erheben kann. Der despotische Herrschaftsanspruch kontrastiert mit den die gesamte Gesellschaft einbeziehenden Verfahren der politischen Meinungsbildung, wie sie Wagner im deutschen Königtum wahrnimmt. Der christliche Glauben gibt dabei einen gemeinsamen Werthorizont vor, der die traditionellen Rechtsformen mit moralischem Sinn erfüllt und die Norm für die in freier Verantwortung gefällten Entscheidungen bildet. Die germanische Religion erscheint dagegen in ihrer Spätform als reine politische Manipulation, wie sie in Ortruds Weissagung zum Ausdruck kommt. Aus dieser Perspektive wird das wunderbare Erscheinen Lohengrins von Ortrud als Zauberei disqualifiziert. Der Dialog nimmt auf Jacob Grimms »Deutsche Mythologie« Bezug, welche die Gemeinsamkeit und Differenz von Wunder und Zauber aufzeigt. »Wundern heißt übernatürliche kräfte heilsam, zaubern sie schädlich oder unbefugt wirken lassen, das wunder ist göttlich, der zauber teuflisch; erst den gesunkenen, verachteten göttern hat man zauberei zugeschrieben. [...] So bei allen völkern, auch bei unsern vorfahren: neben dem göttercultus übungen finsterer zauberei, als ausnahme, nicht als gegensatz.«[48] Der Glaube an Wunder und Hexerei, der sich in der paganen ebenso wie in der jüdisch-christlichen Religionsgeschichte findet, beruht auf der Vorstellung, daß sich transzendentale Mächte an bestimmte Objekte oder Personen binden können. Das Heilige materialisiert sich gleichsam in diesen Wesen, ihr Charakter offenbart das Göttlich-Dämonische und bringt es zur Wirkung. Das Wunder ist eine Emanation der Heiligkeit einer Person, die sich nur positiv auswirken kann. Die Zauberei stellt dagegen eine bewußte Instrumentalisierung derselben Kräfte durch eine unwürdige Gestalt dar, die zumeist negativen Intentionen dient. Die Bewertung der Magie ist dabei vom kulturellen Kontext abhängig. Im Stück ist der christliche Zusammenhang vorausgesetzt, wenn der Heerrufer vor dem Gotteskampf die Regeln bekannt gibt, die jede magische Manipulation ausschließen. »Durch bösen Zaubers List und Trug/Stört nicht des Urteils Eigenschaft:-/Gott richtet euch nach Recht und Fug,-/So trauet ihm, nicht eurer Kraft!« (V.282f.) Das Christentum vertritt eine Gottesvorstellung, die alle menschlichen Fähigkeiten überbietet und zugleich die absolute Gerechtigkeit repräsentiert. Telramund ist dagegen noch stark dem heidnischen Wertecodex verpflichtet, der nicht die christliche Demut vor der göttlichen Allmacht, sondern die Ehre des Menschen vor der Gemeinschaft ins Zentrum stellt. Der Mensch muß sich hier sein Recht durch die eigene Kraft verschaffen. Da sich das Heldentum Telramunds schon in vielen Fällen bewährt hat, was ihm auch von König Heinrich bestätigt wird, kann er nicht fassen, daß er durch die Niederlage gegen Lohengrin zum Rechtlosen geworden ist. Der Ehrbegriff Telramunds ist allerdings soweit christianisiert, daß er seinen Fall als Folge einer persönlichen Schuld wahrnehmen kann. Weil Ortrud ihn zu ihrer »Lüge schändlichem Genossen« (V.385) machte, habe ihn »durch sein Gericht Gott [...] dafür geschlagen« (V.387f.). Ortrud stellt dagegen die Subordination des germanischen unter das christliche Normensystem grundsätzlich in Frage, wenn sie ihrem Gemahl entgegen hält: »nennst du deine Feigheit Gott?« (V.388) Da Telramunds Persönlichkeit durch einen normativen Konflikt geprägt ist, welcher sich durch den Verlust seiner gesellschaftlichen Stellung verschärft, wird er für die Verführung Ortruds anfällig. Diese suggeriert ihm, daß Lohengrin einen Schadenszauber gegen ihn gewirkt hätte. »Durch Gott geschlagen wähnt ich mich:/Nun ließ durch Trug das Gericht sich betören,/Durch Zaubers List verlor' meine Ehre ich!« (V.441-443) Wie den Gotteskampf deutet Ortrud auch das Frageverbot des ersten Aufzugs im Bezugssystem der Magie: »ist er gezwungen/Zu nennen, wie sein Nam' und Art,/All seine Macht zu Ende ist,/Die mühvoll ihm ein Zauber leiht.« (V.409-412) Das Bekanntwerden der Identität des Hexers setzt dem Mißbrauch der geheimen Kräfte ein Ende. Im Falle Lohengrins soll die Arkandisziplin aber gerade die Instrumentalisierung des Wunders verhindern. Ortrud entwirft einen dreifachen Plan, wie die Heiligkeit des Schwanenritters widerlegt werden kann. Telramund soll ihn öffentlich der Zauberei anklagen, damit er seinen Namen preis geben muß. Inzwischen will sie Elsa verführen, ihrem Geliebten die verbotene Frage zu stellen. Als letzte Möglichkeit »bleibt ein Mittel der Gewalt.« (V.427)

»Jed' Wesen, das durch Zauber stark,/Wird ihm des Leibes kleinstes Glied/Entrissen nur, muß sich alsbald/Ohnmächtig zeigen, wie es ist.« (V.432-435) Die Verletzung der leiblichen Integrität hat dieselbe Wirkung wie die sprachliche Offenbarung der geheimen Identität.

An dieser Stelle bekennt sich Ortrud offen zur Zauberei: »Umsonst nicht bin ich in geheimsten Künsten tief erfahren.« (V.429f.) Auch im Zusammenhang der germanischen Religion ist Ortrud keine Prophetin und weise Frau, sondern eine Hexe. Die Figur führt eine Dämonisierung des Mythos und Materialisierung des Kults vor, wie sie Jacob Grimm als typisch für die Spätformen des Germanentums ansieht. Wenn Ortrud die germanischen Götter für ihren bösen Zweck in die Pflicht nimmt, zeigt das den Verfall ihrer Religiosität. Die Anrufung der antichristlichen Macht verweist dabei auf die Verführerfiguren der romantischen Oper. So äußert Kaspar in Webers »Freischütz« immer wieder das Stoßgebet: »Samiel hilf«. Aus dieser kurzen Formel, hinter der sich freilich ein Abgrund des Irrsinns und Aberglaubens verbirgt, wird bei Ortrud eine ganze Litanei, die zugleich den Niedergang der Götter konstatiert und das Ressentiment ihrer Anhänger artikuliert: »Entweihte Götter! Helft jetzt meiner Rache!/Bestraft die Schmach, die hier euch angetan!/Stärkt mich im Dienst eurer heil'gen Sache,/Vernichtet der Abtrünn'gen schnöden Wahn!/-Wodan! Dich Starken rufe ich!/Freia! Erhabne, höre mich!/Segnet mir Trug und Heuchelei,/Daß glücklich meine Rache sei!« (V.509-516) Während der biblische Gott ein moralisches Gesetz vertritt, das die Lüge ausschließt, können die heidnischen Götter ihre Interessen auch jenseits des Sittlichen verfolgen. Die deutsche Mythologie ist im Falle Ortruds zu Fanatismus und Hypokrisie mutiert, ihre Götter können kein Heil mehr verleihen, sondern nur noch Vernichtung bewirken.

Obwohl der Plan Ortruds in seiner initialen wie finalen Phase scheitert, erreicht sie doch ihr Ziel. Die Anklage Telramunds wird abgewiesen, die körperliche Attacke auf Lohengrin büßt er mit dem Leben. Gleichwohl gelingt es Ortrud, Elsa zu der verhängnisvollen Frage zu verführen. Wie die zweifelnd-ahnungsvollen Figuren der romantischen Oper vor ihr geht sie unfreiwillig-willenlos den Pakt mit dem Bösen ein. Ortrud gibt Elsa den Rat, daß sie den Geliebten nur durch die Kenntnis seiner Identität und Herkunft für immer an sich binden könne. Vor der Vereinigung im Brautgemach kann Elsa die Ungewißheit nicht mehr ertragen und macht ihr Glück zunichte. Diese Entwicklung enthält die tragische Ironie, daß es Elsas Liebe ist, die sie zum Verrat an ihrem Geliebten führt.

Das Scheitern der Beziehung verweist aber auch auf die innere Unmöglichkeit einer Begründung des Sozialen aus dem Heiligen, wie sie die Figur des Gralsritters entwirft. Der exklusive Anspruch der personalen Liebe, wie ihn zumal die Romantik erkannte, widerspricht der Autonomie des Transzendentalen, das sich an nichts Weltliches letztlich binden kann, ohne sein Wesen zu negieren. Die Transformation des mythischen Glaubens in liebendes Vertrauen wird durch ihr Mißlingen im zwischenmenschlichen Einzelfall als Modell der Gesellschaft widerlegt. Die Säkularisierung des Heiligen führt nicht zur Erlösung der Welt, sondern zum Untergang des Sakralen.

Der erzwungene Abschied Lohengrins von seiner Geliebten und dem brabantischen Volk verdichtet diese negative Dialektik von Heiligem und Profanem in der mythischen Symbolik des Schwans. Die Wirkungsgeschichte der Oper hat den Schwan in den Mittelpunkt ihrer Ikonographie gestellt und ihn zur Devotionalie einer nationalen Kunstreligion gemacht. Der mächtige weiße Vogel konnte gleichermaßen das erhabenen Inbild des reinen Christentums, Künstlertums und Deutschtums darstellen. Von der europäischen Rechten wird diese Bilderwelt noch heute rezipiert.[49] In Wagners Oper erhält das Motiv des Schwans jedoch eine andere Pointe. So äußert Telramund bereits im zweiten Akt einen Verdacht gegen die Heiligkeit dieses Tieres:

»Wer ist er, der an's Land geschwommen,/gezogen von einem wilden Schwan?/Wem solche Zaubertiere frommen,/Des Reinheit achte ich für Wahn.« (V.718-721) Wenn das Schwanenwunder hier als Zauberwerk aufgefaßt wird, bezieht sich der Text wiederum auf Jacob Grimms »Deutsche Mythologie«. Das Werk führt über die Hexen aus: »Ein uralter unter alle völker gedrungener wahn leitet aus der zauberei das vermögen ab, die gestalt zu bergen und zu wandeln.« So steht »den zauberinnen [...] auch vogelgestalt, federkleid, namentlich das der gans zu gebot, alterthümlich aufgefaßt des schwans, und sie gleichen schwanfrauen, walkyrien, die durch alle lüfte fliegen und sich zur schlacht versammeln.«[50] Der Schwan ist also eng mit dem germanischen Mythos und seinem Nachleben im mittelalterlichen Aberglauben verbunden. Jacob Grimm ordnet auch in der Lohengrin-Sage in diesen Zusammenhang ein, wenn hier »ein redender schwan den held im schif«[51] geleitet.

Wie in einem guten Kriminalstück bestätigt sich in Wagners »Lohengrin« der anfängliche Verdacht, aber in Kombination mit einem anderen Täter, einem anderen Motiv und sogar einer anderen Tat. Das Geheimnis des Schwans liefert den Schlüssel zum rätselhaften Verschwinden Gottfrieds. Triumphierend gesteht Ortrud: »Am Kettlein, das ich um ihn wand,/Ersah ich wohl, wer dieser Schwan:/Das ist der Erbe von Brabant!« (V.1141-1144) Gottfried wurde also nicht ermordet, sondern verzaubert und nicht Lohengrin hatte das Geschehen durch magische Kräfte gelenkt, sondern Ortrud. Auch Jacob Grimm berichtet davon, daß sich »jünglinge hemd, ring oder kette«[52] überwerfen, die sie in schwäne verwandeln. Der verzauberte Prinz hätte noch ein Jahr im Dienste des Grals bleiben müssen, bis er durch dessen Macht befreit worden wäre. Der heidnische Zauber wird so durch die christliche Einweihung überboten und aufgehoben. Das Gebet Lohengrins bewirkt aber ein letztes Wunder, das selbst noch diese märchenhafte Logik außer Kraft setzt. »Er löst dem Schwan die Kette, worauf dieser sogleich untertaucht; an seiner Stelle hebt Lohengrin einen schönen Knaben in glänzendem Silbergewand – Gottfried – aus dem Flusse an das Ufer.« Das Symbol des Schwans erweist sich so als doppeldeutig. Obwohl gerade diese Erscheinung die Brabanter von der göttlichen Sendung Lohengrins überzeugte, kann sie auch als Produkt der schwarzen Magie verstanden werden. Das Stück zeigt, daß das Göttliche, wenn es in das Weltliche eingeht, diese dämonische Ambivalenz erhält. Das Ende der Oper gestaltet die Rückkehr des Heiligen in die Transzendenz. Bevor das Trugbild des Schwans verschwindet, erscheint die »weiße Gralstaube«, die als Symbol des heiligen Geistes die Beziehung zur göttlichen Sphäre herstellt. »Lohengrin springt schnell in den Kahn, den die Taube an der Kette gefaßt hat und sogleich fortzieht. – Ortrud sinkt bei Gottfrieds Anblick mit einem Schrei zusammen.« Die Szenenanweisung setzt eine Entzauberung der Welt um, aus der sich die Mächte des Heiligen und des Dämonischen zurückziehen. Wenn Lohengrin den Knaben zum Herzog einsetzt, markiert dieser Akt einen politischen Neubeginn, der sich nicht mehr durch die Mächte des Wunders oder des Zaubers legitimieren kann. Wagners »Lohengrin« stellt die deutsche Mythologie in den Zusammenhang der Säkularisierung und ihrer politisch-theologischen Folgen. Das Ende des mythischen Denkens bewirkt eine Krise der politischen Legitimität. Das Konzept einer charismatischen Volksherrschaft, welche die religiösen Energien in ein politisches Programm leitet, muß scheitern. Denn wenn sich die weltliche Theokratie nicht auf eine Stufe mit dem reaktionären Obskurantismus stellen will, muß sie ihren göttlichen Ursprung öffentlich machen und so profanieren. Nach Wagner kann sich die Religion in der säkularen Moderne dagegen nur durch die strikte Betonung ihres außerweltlichen Charakters behaupten, der jede Verweltlichung ausschließt und nur in der absoluten Kunst ein Medium findet. Die Rezeption des Werkes zielte dagegen auf eine Wiederverzauberung der Welt, die teilweise imperiale Herrschaftsansprüche verklären sollte. Während im symbolischen Schlußtableau der Oper der Zauberschwan durch die Gralstaube überwunden wird, hat die kollektive Phantasie in ihrer Imagination Lohengrins dem germanischen Mythos gegenüber dem christlichen Symbol den Vorzug gegeben.

Während Wagners »Lohengrin« zumindest vordergründig ein märchenhaftes Mittelalter auf die Bühne stellt, führt Lortzings »Regina« ihr Publikum in die industrielle Arbeitswelt. Der Vorhang öffnet sich über »dem Hof eines ansehnlichen Fabrikgebäudes. [...] Im Hintergrund ragen zwischen Bäumen die Fabrikgebäude mit ihren dampfenden Schloten hervor«. Die Arbeiter weigern sich, ihrem Arbeitgeber einen festlichen Empfang zu bereiten: »Wir wollen nicht! wir wollen nicht!/Was hätten wir davon?/Auch noch besondre Liebespflicht/Bei solchem kargem Lohn./Wird unser Fleiß nicht erkannt,/So rührt sich keine Hand.« (I/1) Der Arbeitskampf wird dabei zur politischen Revolution: »Beschlossen ist's, zu Ende sei/Die Knechtschaft und die Tyrannei!/Wir werden Recht uns bald verschaffen,/Wenn nicht mit Worten, doch mit Waffen.«
Die Handlungskonstellation unterscheidet sich dabei nicht so stark vor der des ersten »Lohengrin«-Aufzugs, wie es auf den ersten Blick scheint. So geht es in beiden Fällen um eine Krise der gesellschaftlichen Werte und ihrer symbolischen Repräsentation. An die Stelle der Stammes- und Adelsfehden des Mittelalters treten hier die Klassenkonflikte der kapitalistischen Welt. Als charismatische Führergestalt, die einen neuen sozialen Konsens stiftet, tritt der Geschäftsführer Richard auf, der wie Lohengrin als heldische Tenorpartie angelegt ist. Richard macht sich das soziale und demokratische Programm zu eigen, wobei er zwischen den Anliegen der Arbeiterklasse und des besitzenden Bürgertums zu vermitteln sucht. Gegen den gewaltsamen Klassenkampf wird das revolutionäre Ziel der nationalen Ein-

heit beschworen und religiös verklärt. »Seid ihr bedrückt, Recht soll euch werden,/Denn leiden soll kein Mensch auf Erden,/Der redlich denkt, der brav und gut -/Durch eines Höh'ren Übermut,/Und laut sein Klageruf erschalle:/Denn frei geboren sind wir Alle! [...] Doch nur auf milden Wegen wird dies Ziel erreicht,/Und Gottes mächt'ger Segen uns sicher nicht entweicht!/Durch Eintracht kann zu jeder Zeit/Der Sieg errungen werden,/Doch Freiheit ohne Einigkeit/Gewährt kein Glück auf Erden.« Richard wie Lohengrin überwinden durch ihre reine Persönlichkeit die Anarchie der gegensätzlichen Interessen und erneuern die rechtlichen Verhältnisse auf einer höheren Ebene. Während das traditionelle Gesetz die Konfrontation der gesellschaftlichen Gruppen festschrieb, ermöglichen die weltlichen Heilandsfiguren kollektive Integration und Partizipation durch personale Identifikation. Als Zeichen der neuen Zeit gibt der Fabrikbesitzer Simon dem Angestellten die Hand der ihm in Liebe verbundenen Tochter Regina, wie Lohengrin von König Heinrich die Fürstentochter Elsa zur Frau erhält. Diese Nachricht wirft den Vorarbeiter Stephan, der Regina ebenfalls im Verborgenen verehrt, psychisch und moralisch aus der Bahn, so daß er mit aller kriminellen Energie die Hochzeit zu hintertreiben sucht. Die Rolle des Stephan steht dabei wie die des Telramund in der Tradition des von einem Heldenbariton verkörperten tragischen Rebellen und Bösewichts der romantischen Oper. Stephan trifft auf seinen Jugendfreund Wolfgang, der einem Vorgesetzten »sein adliges Blut abgezapft« (I/9) hat und dafür eine lange Gefängnisstrafe erhielt. Im Zuge der allgemeinen Unruhen konnte er entkommen und gründete eine Freischar, um seine revolutionären Ideen mit gewalttätigen Mitteln durchzusetzen. Stephan schließt sich der Gruppe an. Die Rebellen sprengen die Hochzeitsfeier, stecken die Fabrik in Brand und entführen die Braut. Unter der Führung Richards besiegen die Arbeiter aber die Freischärler. Die Handlung erreicht ihren spekta-

kulären Höhepunkt, wenn sich Stephan mit Regina in einem Pulverturm versteckt und diesen sprengen will, um alles zu vernichten. Regina gelingt es, den Wahnsinnigen mit seiner eigenen Waffe zu erschießen. Im Schlußbild entwirft Richard seine Vision des gesellschaftlichen Fortschritts zur Freiheit, der auf dem kollektiven Selbstverständnis des Volkes beruht. Die affektive Bindung an die Heimat wird dem politischen Radikalismus entgegengestellt. »Frisch auf! Frisch auf! und einig seid,/So kommt dem Volk die Herrlichkeit./Ein Herz, ein Sinn und ein Panier,/In diesem Zeichen siegen wir!/Das macht den Feind zu schanden!/O Glanz! O Sieg! O helle Ruhmesbahn!/Auf! Vaterland voran! Auf Vaterland, voran!« (III/7)
Die Forschung zu Lortzings »Regina« hat betont, daß das Werk sich kaum auf die konkreten historischen Ereignisse von 1848 bezieht.[53] Doch gerade das Thema der Freischärler war dabei von größter Aktualität. Der radikale Demokrat Friedrich Hecker aus Baden hatte am 12.4.1848 in Konstanz die Republik ausgerufen und führte eine Bürgerarmee in Richtung Freiburg, die allerdings von den Bundestruppen geschlagen wurde. Die Rebellen erreichten aber große Popularität und wurden bald zum Gegenstand der Legende. Wenn Hecker in Lortzings »Regina« weder als Figur auftritt noch sein revolutionärer Standpunkt thematisiert wird, hängt das mit der spezifischen ästhetischen Zielsetzung des Werks zusammen. So geht es Lortzing nicht darum, eine bestimmte revolutionäre Tendenz zu kritisieren oder zu propagieren. Die Oper will nicht die zeitgenössischen Vorgänge in einer realistischen Weise abbilden und analysieren, sondern zeigt ihren Reflex in der kollektiven Imagination. Das Stück bringt nicht die Revolution auf die Bühne, sondern die von ihr ausgelösten irrationalen Ängste und Hoffnungen des bürgerlichen Publikums.
Lortzing schreibt das Werk nicht im Konversationston seiner beliebten musikalischen Gesellschaftssatiren, sondern wählt die Formen der romantischen Oper. Die-

ses musikalische und mythologische Idiom hatte der Komponist bereits in seiner Vertonung der Erzählung über die Wasserfrau »Undine« von Friedrich de la Motte Fouqué erprobt. Wenn Lortzing in »Regina« die Phantasmagorien der Revolution gestaltet, verwendet er ebenfalls die Bilderwelt der deutschen Dämonologie. So wird die Figur Stephans in die Nachfolge der romantischen Teufelsbündner gestellt. Die Arie Stephans ist deutlich an die des Max im »Freischütz« angelehnt, wenn hier der blinde Fatalismus zum Protest gegen die göttliche Weltordnung wird. »Fluch dir, Geschick!/Dein Werk ist gelungen!/Fluch dir, Geschick, Dein Sieg ist errungen! Du hast ein Wesen, gut geboren,/Nur zur Verzweiflung auserkoren./Doch triumphiere nicht zu früh,/Denn erringen muß ich sie [...] Und spräche auch die Hölle: ›nein‹/Mein, mein muß sie sein.« (I/8) Das Auftreten Wolfgangs deutet bereits Unheimliches an, wenn er »ärmlich gekleidet und in einen Mantel gehüllt [...] umherspähend« auftritt. Als er Stephan seine umstürzlerischen Pläne offenbart hat, ruft dieser aus: »Die Hölle sendet Dich, sei mir willkommen!« (I/9) Die revolutionäre Verschwörung erscheint hier als Pakt mit dem bösen Feind.
Das Zentrum der Revolutionsmythologie in Lortzings »Regina« bilden aber die Freischärler. Bereits das erste Erscheinen der Rebellen führt die mythenbildende Wirkung der terroristischen Gewalt vor. Kurz vor Beginn der Hochzeitsfeier berichtet der Bedienstete Kilian seinem Herrn Simon »ängstlich und leise«: »Die Herren Musikanten, sie kommen eben an/Und melden, daß im Walde Verdächtiges sie sah'n./Ein Haufen wilder Männer, bewaffnet obendrein/Mit Säbeln und Pistolen, soll dort verborgen sein.« (I/11) Die Bildlichkeit des Textes läßt hier eine Fülle von Resonanzen aus der deutschen Mythologie anklingen. Der Wald bedeutet die Grenze der Zivilisation und stellt eine unheimliche Gegenwelt dar, die von den »wilden Leuten« bewohnt wird. Jacob Grimm beschreibt in seiner »Deutschen Mythologie«, wie sich diese über »riesenstärke«[54] verfügenden We-

sen mit Gewalt der Kolonisierung des Waldes durch die Menschen widersetzen. Das Bild der wilden Männer im Wald verweist aber auch auf Grimms »Deutsche Rechtsalterthümer« und ihre mythische Symbolik. Der Autor spricht hier von der Strafe des Banns, wie sie in Wagners »Lohengrin« über Telramund verhängt wurde. Die mit dem Bann belegten Personen verfielen einem Zustand der »rechtlosigkeit«, der »landesverweisung, flucht aus dem lande nach sich zu ziehen«[55] pflegte. »Fern aus aller menschlichen gesellschaft floh der landesräumige verbrecher in wald und einöde, das alterthum nannte darum den härtesten grad der verbannung waldgang.« Der Geächtete wird als »wolf und räuber« bezeichnet, weil er »gleich dem raubthier ein bewohner des waldes ist und gleich dem wolf ungestraft erlegt werden darf.«[56] In Lortzings Oper entspricht die Situation des flüchtigen Häftlings Wolfgang der eines Verbannten und kommt bereits in seinem sprechenden Namen zum Ausdruck. Die Freischärler werden im Stück entsprechend als »Räuber« bezeichnet.

Die mythische Vorahnung der Revolution wird von dem aufgeklärten Bürgertum nicht ernst genommen. Der Fabrikbesitzer vertritt das religionskritische Modell, daß der Mythos aus der menschlichen Furcht entstanden ist und einer niedrigen intellektuellen Entwicklungsstufe entstammt. So verhöhnt er seinen Untergebenen: »die ganze Schreckenskunde hat nur die Furcht erdacht« und herrscht ihn schließlich an: »schweig mit der dummen Plauderei«. (I/10) Die Mythen lassen sich allerdings nicht so einfach rationalisieren, da sie sich aus tief verwurzelten kollektiven Ängsten speisen. Das unheimlich Fremde dringt in das biedermeierliche Idyll des Familienfestes ein, als das sich die kapitalistische Arbeitswelt verklärt. Die sozial Entrechteten kehren ihren Zustand gegen die Gesellschaft, wenn der Chor der Freischärler nun den Fabrikherrn mit vorgehaltener Waffe verspottet: »Schaut doch an, der alte Tor/Schreibt uns gleich Gesetze vor«. (I/11) Der

Kampf einer autoritären Gesellschaftsordnung gegen das von ihr Marginalisierte wird dabei in Entsprechung zum Krieg der Industrie gegen die Natur gesetzt. So hatte bereits die erste Szenenanweisung die Fabrik als vorgeschobenen Posten der Zivilisation »zwischen Bäumen« beschrieben, der nun unter dem Ansturm der »wilden Männer« zusammenbricht.

Das mythische Bild erhält aber noch eine weitere Dimension. Wenn die Freischärler die Fabrik in Flammen setzen, wird die Vernichtungsaktion mit einem Gewitter verglichen: »Verderben brich herein, und schleudre deine Blitze!« (I/11) Diese Aussage wird im zweiten Akt theatralisch umgesetzt. Beim Auftritt der Freischar fängt es an »zu donnern und zu blitzen«. (II/8) Die Dämonisierung der Naturgewalt vollzieht sich im Chor der »sehr berauscht[en]« Räuber: »Der Teufel hält es länger aus/In Donner, Blitz und Regen,/'S besser doch im trocknen Haus/Allein des Weines wegen./Darum heiter! Eingeschenkt! Bald geht's weiter! Das bedenkt!« (II/9) Der Text spielt hier auf das mythologische Motiv der wilden Jagd an. Jacob Grimm berichtet über den Glauben an »irrlichter«, daß »seelen, die der himmlischen ruhe nicht teilhaftig geworden sind, in feuriger Gestalt [...] auf feld und wiesen schweifen.«[57] Diese sollen auch »in ganzen Haufen mit schrecklichem Tosen durch wald und lüfte fahren«, worüber die »weitverbreitete sage von dem wütenden heer« handelt, »welche in hohes altertum zurückreicht und sich bald mit göttern, bald mit helden verwebt«.[58] So galt Wotan als Anführer der wilden Jagd, der in christlicher Interpretation zur Teufelsfigur wurde und so auch in der Gestalt des »schwarzen Jägers« Samiel aus Webers »Freischütz« nachlebt. Die höllischen Heerscharen wurden zum Äquivalent des germanischen Mythos. Lortzings Oper nützt also einen Komplex mythologischer Vorstellungen, um die projektive Wahrnehmung der Freischaren zu gestalten. Die symbolische Textur erweist sich dabei als durchaus kohärent. Die wilden Leute, verlorenen Seelen und Gebannten verbindet ihr

Zorn auf die Menschen, die sie aus ihren sozialen Zusammenhängen verdrängen und zugleich als mächtige Wiedergänger fürchten.
Da das Stück hier ein negatives Phantasma gestaltet, kann es die mythischen Motive in ihrer christlichen Diabolisierung nützen, wie sie in die romantische Oper einging. Die Dämonisierung der Revolution erreicht ihre Klimax, wenn Stephan den Pulverturm anzünden und ein Fanal setzen will: »Dann mag die Hölle jubilieren,/Daß ihr Werk gelungen ist.« (III/5) Das Ende der Oper gestaltet sich dagegen als politischer Exorzismus. Wenn Richard die im Kampf mit den Freischärlern bewährte Einheit mit den Worten besingt: »in diesem Zeichen siegen wir« (III/7), wird auf die berühmte Formel: »in hoc signo vinces« angespielt, mit der dem späteren Kaiser Konstantin in einer Vision der Sieg als Lohn seiner Bekehrung zum Christentum verhießen wurde. Das Zeichen des Kreuzes sollte die Dämonen und ihre heidnischen Anhänger in die Flucht schlagen. Während die Legende das christliche Imperium Romanum religiös begründet, nützt sie Lortzing als Vorbild einer Gründungsmythe der bürgerlichen Demokratie. Die christliche Idee des römischen Reiches deutscher Nation wird modernistisch überboten, indem die Nation anstelle der Konfession als höchster kollektiven Wert sakralisiert wird. Die politische Theologie der Neuzeit bewährt sich auch hier als Säkularisierung religiöser Begriffe. Wenn die bürgerliche Gesellschaft den christlichen Staat beerbt, kann sie ihre revolutionären oder reaktionären Feinde als apokalyptische Vision des Antichristen stilisieren, wie es auch in Lortzings Oper geschieht.
Diese politisch-ästhetische Transformation der religiösen Symbolik war im liberal-demokratischen Umfeld des Vormärz und des Jungen Deutschland durchaus gängig. So wendet sich Heinrich Heine in »Die Romantische Schule« gegen eine reaktionäre Richtung der Kunst und Politik, die das Mittelalter und seinen Aberglauben wiederbeleben möchte. »Der Anblick der

dreifarbigen Fahne verscheucht die Gespenster jeder Art.- O ich möchte mich auf den Straßburger Münster stellen, mit einer dreifarbigen Fahne in der Hand, die bis nach Frankfurt reichte. Ich glaube, wenn ich die geweihte Fahne über mein teures Vaterland hinüberschwenkte, und die rechten exorzierenden Worte dabei ausspräche: die alten Hexen würden auf ihren Besenstielen davonfliegen«.[59] Der Autor stilisiert sich hier nach dem ikonographischen Vorbild der biblischen Apokalypse. Der Erlöser wird als Lamm mit einer wehenden Standarte dargestellt, das über die satanischen Mächte triumphiert. Heines republikanische Version des christlichen Symbolismus ersetzt die Kreuzesfahne als Attribut Christi durch die Trikolore der Französischen Revolution. Während sich Heine mit dem Symbol des Jakobinismus gegen die Restauration stellt, wendet Lortzings Richard das »Panier« der deutschen Revolution gegen ihre radikal-demokratischen Tendenzen.

4. »Johannisnacht!«: Richard Wagners »Meistersinger von Nürnberg« als mythologische Komödie

Die Wirkungsgeschichte der deutschen Mythologie im ästhetisch-politischen Konzept der deutschen Oper und ihrer Darstellung revolutionärer Vorgänge belegt noch Richard Wagners Musikdrama »Die Meistersinger von Nürnberg«, das von Lortzings Stück über »Hans Sachs« inspiriert wurde. Während gerade »Die Meistersinger« als nationalistisches und nationalsozialistisches Festspiel mißbraucht wurden, hat die neuere Forschung das Werk als Literaturkomödie wiederentdeckt, die in Wagners Oeuvre einen singulären Platz einnimmt.[60] Das frühneuzeitliche Nürnberg wird hier wie in vielen liberalen Historiographien des 19. Jahrhunderts als Kulisse einer Genealogie der bürgerlichen Emanzipation aufgebaut.[61] Während in Wagners »Lohengrin« religiöse, politische und ästhetische Aspekte der deutschen Geschichte verbunden werden, vollzieht sich in den »Meistersingern« die nationale Selbstdefinition allein durch die Kunst. Der ästhetische Staat überbietet die politische Theologie, wenn es in dem berühmten Schlußchor heißt: »Zerging in Dunst/Das heil'ge röm'sche Reich,/uns bleibe gleich/Die heil'ge deutsche Kunst!« (V.2943-2946) Im Stück werden dabei zwei Konzepte einer kollektiven ästhetischen Norm verhandelt. Die Meistersinger vertreten ein traditionelles wie auch elitäres Kunstverständnis, das sich auf die Kenntnis und korrekte Anwendung eines überkommenen Formenkanons der alten »Meister« mittelalterlicher deutscher Dichtung stützt. Das künstlerische Schaffen erscheint als eine Art Handwerk und wird der ständischen Gesellschaftsordnung wie ihrer konfessionellen Legitimation untergeordnet. Die Aufnahme in diese Zunft ist nur durch die strikte Anwendung ihrer Gebote möglich, die von dem Merker Sixtus Beckmesser mit fanatischer Genauigkeit kontrolliert wird. Wagners Held, Hans Sachs, vertritt dagegen eine demokratische Auffassung der Kunst, welche die Gesamtgesellschaft in den Prozeß der ästhetischen Wertung einbezieht. Der normative Anspruch der Kunstproduktion ist nur solange legitim, als sich das Volk mit dieser identifizieren kann. Die poetologische Debatte wird in der Oper in subtiler Weise mit einer Liebesintrige verbunden. Der pedantische Kunstrichter und Stadtschreiber Beckmesser sowie der rabiate Neuerer Junker Stolzing, der nur ein Genie wie Walter von der Vogelweide als seinen »Meister« anerkennen will, werben um dieselbe Frau. Die Kunstauffassung der beiden Poeten ist dabei jeweils extrem vereinseitigt. Der Goldschmied Veit Pogner hat die Hand seiner Tochter und die reiche Mitgift aber an den Sieg in einem Dichterwettbewerb geknüpft. Nachdem Hans Sachs den Junker gelehrt hat, daß das traditionell-formale mit dem innovatorisch-expressiven Element der Poesie versöhnt werden muß, gelingt es ihm, Eva zu ersingen.

Während die Hochzeitsfeiern in Wagners »Lohengrin« und Lortzings »Regina« als symbolische Versöhnung der sozialen Gegensätze tragisch scheitern, inszeniert die Schlußszene der »Meistersinger« die Einheit von Kunst und Politik, Tradition und Fortschritt, Adel und Bürgertum, Intelligenz und Volk. Aber auch in Wagners »Meistersingern« kommt es zu einer aggressiven Zuspitzung der Handlung. Das Nürnberg des Stücks ist keine nostalgische Idylle, sondern hat auch seine finsteren, klaustrophobischen und gewalttätigen Seiten. Die gespentische Nachtseite der romantischen Mittelalterfassade wird durch Motive der deutschen Mythologie repräsentiert und kommentiert. Das Vorsingen Stolzings bei den Meistersingern im ersten Akt endet aufgrund der Verständnislosigkeit, Parteilichkeit und Arroganz der Kunstfunktionäre in einem Desaster für den Bewerber, wobei sich das strenge Protokoll der Sitzung in einem grotesken Tumult auflöst. Der Ritter erinnert die peinliche Situation in einer dämonistisch verzerrten Optik und steigert sich dabei in einen paranoiden Wahn hinein: »Überall Meister,/Wie böse Geister,/Seh ich sich rotten/Mich zu verspotten« (V.1239-1242).
Der zweite Akt der Oper entwirft ein Panorama der libidinösen Energien, das erotische Versteckspiele in offene Aggressionen umschlagen läßt. Als Beckmesser seiner Angebeteten ein nächtliches Ständchen bringen will, nimmt Evas verkleidete Zofe Magdalena ihre Stelle ein, während sie selbst mit Stolzing zusammen ist. David, Lehrling bei Hans Sachs und Liebhaber Magdalenas, läßt sich gleichfalls durch die Maskerade täuschen und stürzt sich »mit einem Knüppel bewaffnet« auf den vermeintlichen Rivalen. Als die Nachbarn durch den Lärm geweckt werden, bricht sich das latente Gewaltpotential durch einen reflexartigen Nachahmungstrieb Bahn: »Heda! Herbei! 's gibt Schägerei:/da würgen sich zwei./Ihr da, laßt los. Gebt freien Lauf!/Laßt ihr nicht los, wir schlagen drauf!« (V.1647-1649) Der Motor des folgenden Exzesses ist die reine Lust an der Destruktion, die nur einen Anlaß zu Kon-

frontation und Kampf sucht. Die allgegenwärtige Aggression konfiguriert sich entlang der sozialen Gegensätze des mittelalterlichen Stadtlebens. Die horizontale Gliederung der Gesellschaft in verschiedene Berufsverbände wie die vertikale Machtstruktur der Stände und des Patriziats bilden die Frontstellungen. Die Lehrlinge und Gesellen machen die Zunftgrenzen zu Projektionsflächen kollektiver Schuldzuschreibungen, die den Konflikt immer weiter anheizen. »Kennt man die Schlosser nicht?/Die haben's sicher angericht! [...] 's sind die Weber! 's sind die Gerber!/Dacht' ich mir's doch gleich!/ Die Preisverderber! Spielen immer Streich!« (V.1658f. 1743-1745) Andererseits tragen die Randale einen Protest gegen die starre Hierarchie der städtischen Gesellschaft und ihre Reglementierung der individuellen Wünsche auf die Straße. Daher fürchten »die Meister und älteren Bürger« in dem allgemeinen Aufruhr um ihre Kontrolle über das Proletariat und stellen sich der gefährlichen Zusammenrottung geschlossen entgegen: »Gebt Ruh und schert euch jeder gleich nach Hause heim,/Sonst schlagt ein Hageldonnerwetter drein!/Stemmt euch hier nicht mehr zu Hauf/Oder sonst wir schlagen drauf. [...] Jetzt hilft nichts, Meister!/Schlagt selbst drein!« (V.1779-1782. 1785f.) Auch Hans Sachs, »mit dem Knieriemen David eines überhauend«, unterbindet nun das unbotmäßige Gebaren seines Lehrlings. Die Attacke eines Angehörigen der untersten Gesellschaftsschicht auf den höchsten kommunalen Beamten hatte sich zwar aus rein persönlichen Motiven ergeben, muß aber als revolutionärer Akt erscheinen. Wenn »Beckmesser, durch Sachs von David befreit, [...] sich, jämmerlich zerschlagen, eilig durch die Menge zu flüchten« sucht, wird der Stadtschreiber als komische Figur bloßgestellt. Die orgiastische Gewaltdarstellung der Prügelszene steigert sich bis zu einem Kataklysmus, der als mythische Erfahrung beschrieben wird. »Im gleichen Augenblick [...] hört man [...] einen besonders starken Hornruf des Nachtwächters. Gleichzeitig haben die Frauen aus allen

Fenstern starke Güsse von Wasser aus Kannen, Krügen und Becken auf die Streitenden hinabstürzen lassen: dieses mit dem besonders starken Tönen des Horns zugleich wirkt auf Alle mit einem panischen Schrecken.« Der Nachtwächter wendet seinen Gesang als eine Art Exorzismus gegen die karnevalistische Emanzipation des heidnischen Sinnentaumels und den anarchischen Aufstand, ohne freilich die Revolte überhaupt bemerkt zu haben. »Hört ihr Leut, und laßt euch sagen:/Die Glock' hat eilfe geschlagen./Bewahrt euch vor Gespenstern und Spuk,/Daß kein böser Geist eu'r Seel beruck!/Lobet Gott den Herrn!« (V.1849-1853) Die musikalische Manifestation der christlichen Weltordnung erscheint durch die vorangegangene Prügelszene, welche die strenge und sakrale Form der Fuge zum Ausdruck des polyphonen Krawalls macht, parodistisch relativiert.

Im Zentrum der ersten Szene des dritten Aktes steht Hans Sachs, den die Ereignisse der vorangegangenen Nacht in tiefe Melancholie gestürzt haben. Der von dem Denken Arthur Schopenhauers inspirierte Monolog des Dichters führt die Entwicklung auf die Wirkung des notwendigen, aber auch gefährlichen »Wahns« zurück, den der menschliche Lebenswille hervorbringt. Neben die in die Abgründe der Transzendentalphilosophie führende Reflexion des sozialen Exzesses tritt eine humoristisch-mythologische Betrachtung, die Hans Sachs aus der Depression herausführt. Der Protagonist nimmt dabei auf den Johannistag und seinen Vorabend Bezug, an denen das Stück spielt. »Ein Kobold half wohl da:-/Ein Glühwurm fand sein Weibchen nicht;/Der hat den Schaden angericht.-/Der Flieder war's:-Johannisnacht!-/Nun aber kam Johannistag!« (V.1980-1984) An dieser Stelle macht die Oper einen mythischen Subtext explizit, der mit den zahlreichen religionshistorischen Dimensionen des 24. Juni spielt. Der Namenstag Johannes des Täufers wurde zwar als kirchliches Fest abgesetzt, bewahrte aber im Volksglauben seine Bedeutung als heilige Zeit. Richard Wagner konnte sich dabei auf die »Deutsche Mythologie« Karl Simrocks beziehen, der den germanischen Mythos im Brauchtum dieses Tages nachleben sieht. Während aller anderen Märtyrer an ihrem Todestag gedacht wird, feiert man Johannes, der nach den Evangelien ein halbes Jahr älter als Jesus Christus ist, an seinem Geburtstag. Die biblische Geschichte des Täufers spielt im Brauchtum des Tages keine Rolle, da seine Person zum kosmologischen Symbol wird. Während die Geburt Jesu Christi im Jahreslauf mit der Wintersonnenwende zusammenfällt, entspricht der Johannistag dem Mittsommer. Der kürzeste und der längste Tag bilden gleichsam die Angelpunkte eines archaischen Zeitverständnisses, das sich in Mythos und Ritual artikuliert. Da Simrock die germanische Mythologie in engem Zusammenhang mit dem Jahreskreis deutet, aus dessen Symbolik er eine eschatologische Heilslehre entwickelt, schenkt er den an die Sonnenwenden geknüpften Glaubensvorstellungen besondere Aufmerksamkeit. Das dualistische Weltbild von Tag und Nacht, Sommer und Winter, Leben und Tod, alter und neuer Welt erkennt Simrock modellhaft in dem Mythos der Brüder Baldur und Hödur, wie er in der Edda erzählt wird. Die Endzeitdichtung der »Völuspa« berichtet von dem Kampf zwischen Baldur, dem Liebling aller Götter, und Loki, dem Vertreter des destruktiven Prinzips. Loki tötet Baldur durch eine List, wobei er sich die Blindheit Hödurs zu Nutze macht. Das Verbrechen zerstört die göttliche Weltordnung und setzt die Apokalypse in Gang. Die Auferstehung Baldurs bedeutet dagegen die Regeneration des Kosmos. Simrock sieht diese mythischen Vorgänge im Brauchtum performatorisch dargestellt, wobei die biblische Figur des Täufers, der den Märtyrertod erleidet, die germanische Gottheit Baldur vertritt. Das Ritual feiert aber nicht nur die ewige Zyklik der Naturabläufe, sondern befaßt sich gerade mit ihren krisenhaften Übergängen. An zahlreichen Beispielen zeigt Simrock, »daß die Fristen, wo sich die Jahre und Jahreszeiten scheiden, gleichsam

Spalten sind, wodurch die Ewigkeit und die ewige Geisterwelt hereinbricht.«[62] Wenn der Mittsommer mit der üppigsten Enfaltung der Vegetation den »Gipfel des Jahres« bildet, ist »auch hier [...] eine Spalte in der Zeit anzunehmen.«[63] Die moderne Anthropologie spricht in diesem Zusammenhang von einer »liminalen Phase«, die zwei auf einander folgende Zustände der menschlichen Existenz voneinander abgrenzt.[64] Dieser Zeitraum zwischen zwei Lebensordnungen, den chaotische Unbestimmtheit kennzeichnet, ist als Initiation in die neue Phase unabdingbar. Die Transformation wird aber auch als mögliche Gefährdung des Individuums und der Gemeinschaft wahrgenommen, die durch rituellen Aufwand bewältigt werden muß.

Nach Simrock ist »der Tag, an dem sich die Sonne wieder zu neigen begann« ein solcher kritischer Zeitpunkt, welcher besonders »festlich gefeiert« werden mußte. Gerade weil »nun das Licht wieder abnahm, [...] Baldur zur Hel hinabstieg und die Herrschaft des blinden Hödur zurückkehrte«, hat man stets »die Sonnenwende als Siegesfest behandelt«.[65] Der drohende Verlust der lebensspendenden Macht des Lichts wird so bewältigt, daß sein einstiger Sieg über die Finsternis im Ritual präsent gemacht wird. Das Brauchtum der Wintersonnenwende suchte entsprechend den künftigen Triumph des Lichtes über die ewige Nacht vorwegzunehmen. Das zeitweilige Verschwinden und die langsame Rückkehr der Sonne wird als Kampf gegen eine feindliche Macht gedeutet, dessen Ausgang schon seit der Schöpfung feststeht, der aber immer wieder neu durchgestanden werden muß. Dieses mythische Denkmuster erkennt Simrock in der Echternacher Springprozession und der altdeutschen Bezeichnung des Frühjahrs. »Der eine Schritt rückwärts bedeutet das Sträuben des Winters, dem es auf kurze Zeit gelingt, einen Teil der schon verlorenen Herrschaft wiederzugewinnen, was er aber mit desto größeren Verlusten büßen muß; die zwei Schritte vorwärts den unvermeidlichen Sieg des Sommers. [...] Hiermit hängt auch der Eigenname Lenz (mit

dem Epitheton ornans fauler Lenz) zusammen, [...]. Den Frühling, der ihr zu langsam fortschreitet, im Kampf wider die winterlichen Mächte zu träge scheint, schilt die Ungeduld fauler Lenz«.[66]
Das Motiv des Kampfes zwischen Sommer und Winter wird von Wagners »Meistersingern« ganz im Sinne der Ausführungen Simrocks gestaltet. So steht der Lenz im Zentrum des Minneliedes, mit dem sich Walter im ersten Aufzug vergeblich als Meistersinger bewirbt. Der in einer abgeschlossenen Kabine, dem Gemerk, sitzende Beckmesser, hat dabei die Fehler des Bewerbers auf einer Tafel mit Kreide zu notieren, wobei er seinen Widersacher zu Fall bringen will. Das Lied vollzieht eine poetologische Reflexion, indem es seine Genese zum Gegenstand macht. Die Floskel »Fanget an!«, mit welcher der Merker den Bewerber zum Singen auffordert, wird zur formalen Strukturierung des improvisatorisch angelegten Textes verwendet und in vielfältige thematische Kontexte eingebracht. Die erste Strophe stellt den Gesang in den Zusammenhang eines mythischen Naturbegriffes, der die Jahreszeit personifiziert. »›Fanget an!‹/So rief der Lenz in den Wald,/Daß laut es ihn durchhallt [...]. Der Wald,/Wie bald/Antwortet er dem Ruf,/Der neu ihm Leben schuf:/Stimmte an/Das süße Lenzeslied!« (V.677-679. 692-697) Das Lied erscheint als Resonanz des Naturlautes auf die lebensstiftende Macht des Göttlichen. Der kämpferische Dualismus des mythischen Weltbildes wird in der Fortsetzung des Textes deutlich. »In einer Dornenhecken,/Von Neid und Gram verzehrt,/Muß er sich verstecken,/Der Winter, Grimm-bewehrt:/Von dürrem Laub umrauscht,/Er lauert da und lauscht,/Wie er das frohe Singen/Zu Schaden könnte bringen.« (V.698-705) Der Winter erscheint hier wie bei Simrock als Personifikation der lebensfeindlichen Mächte, die zwar bereits überwunden, aber noch als Drohung und Hindernis virulent sind. Die negative Macht wendet sich nicht nur gegen die Erneuerung der Natur, sondern auch gegen die Poesie, die diesen Vorgang feiert. Diese poetische Wendung er-

scheint im szenischen Zusammenhang als Reaktion des Dichters darauf, daß Beckmesser »aus dem Gemerk unmutige Seufzer und heftiges Anstreichen mit der Kreide« hören läßt. Die zweite Strophe des Liedes vollzieht eine Subjektivierung des Naturbildes, wenn hier »die Brust« (V.721) des lyrischen Ichs dem Ruf der Sehnsucht antwortet und »das hehre Liebeslied« (V.726) äußert. Auf der Bühne versucht Beckmesser nun das Vorsingen abzubrechen, indem er den durch den Gesang völlig konsternierten Meistern die Regelverstöße des Bewerbers darlegt. Wenn Stolzing dagegen der Aufforderung durch Hans Sachs folgt und sein Lied »dem Herrn Merker zum Verdruß« (V.825) vollendet, bringt er seine Widersacher ins dämonische Bild. Die Meister werden mit den Rabenvögeln verglichen, die »in nächt'gem Heer« (V.872) als Mächte der Finsternis erscheinen und denen »mit goldenem Flügelpaar/Ein Vogel wunderbar« (V.877f.) entgegengestellt wird. Das Gedicht endet mit der Apotheose des Dichters, welcher sich der Kategorisierung durch seine Kritiker entzieht, einen produktiven Bezug zur literarischen Tradition herstellt und zum selbstbewußten Künstlertum findet. »Es schwillt das Herz/Vor süßem Schmerz/Der Not entwachsen Flügel/Es schwingt sich auf/Zum kühnen Lauf,/Aus der Städte Gruft,/Zum Flug durch die Luft,/Dahin zum heim'schen Hügel/Dahin zur grünen Vogelweid,/Wo Meister Walther einst mich freit'«. (V.883-893) Der Text greift hier das mythische Motiv der Verwandlung eines Menschen in Vogelgestalt auf, das Wagner auch in seinem »Lohengrin« einsetzt und hier eindeutig ins Positive wendet. Der Mythos bildet das Medium einer poetologischen Reflexion über Natur, Gefühl und Kunst als konstitutive Elemente einer Liebesdichtung. Der mythische Kampf zwischen Sommer und Winter, Licht und Finsternis, Leben und Tod wird zum Modell einer Initiation in das Amt des Dichters, die sich gegen Widerstände durchsetzen muß, aber deren Gelingen durch die Genialität des Adepten bereits verbürgt ist.

Die Oper plaziert Anspielungen auf Simrocks Deutung des Johannesfestes auch im zweiten und dritten Aufzug an zentraler Stelle. Die Prügelszene bildet die dramaturgische Umsetzung der von Simrock erwähnten »Aufzüge mit einem Kampfspiel zwischen zwei Parteien«[67], welche die göttlichen Mächte des Lichtes und der Finsternis darstellen. Die liminale Erfahrung der Johannesnacht wird von dem Volk Nürnbergs zwanghaft ausagiert, indem es die etablierten Regeln des Zusammenlebens überschreitet. Als Weltweiser und Poet reflektiert dagegen Hans Sachs über diese Grenzüberschreitung und bringt sie zur symbolischen Darstellung.

Die Ambivalenz der transgressiven Erfahrung spiegelt sich im Volksglauben, wenn dem Johannestag sowohl heilvolle als auch unheilige Eigenschaften zugeschrieben werden. Die Monologe des Hans Sachs in den »Meistersingern« greifen dabei in ihrer Bildlichkeit auf die »Deutsche Mythologie« Simrocks zurück. Die positive Wertung des Tages küpft sich vor allem an die als wunderbar angesehene Entwicklung der Vegetation, die sich bis zur Annahme einer Zauberwirkung steigert. So heißt es bei Simrock »Der Sommer hat seine ganze Pracht entfaltet, alle Pflanzen duften und entwickeln heilsame Kräfte«.[68] Hans Sachs greift diese Vorstellung in seinem Monolog aus dem zweiten Akt der Oper auf: »Was duftet doch der Flieder/So mild, so stark und voll!/Mir löst es weich die Glieder,/Will, daß ich was sagen soll.–« (V.1025-1028) Der magische Fliederduft inspiriert Sachs, das Lied Stolzings nach anfänglicher Skepsis als sinnvollen Ausdruck einer realen Erfahrung zu verstehen: »Lenzes Gebot,/Die süße Not,/Die legt es ihm in die Brust.-/Nun sang er, wie er mußt!/Und wie er mußt', so konnt er's«. (V.1049-1052) Die magische Kraft des Flieders kann aber auch eine gefährliche Verwirrung und Aufpeitschung der Leidenschaften bewirken, wie Hans Sachs im Rückblick aus der Prügelszene lernt: »der Flieder war's-Johannisnacht« (V.1983). Nach Simrock zeigt sich die unheimliche Seite der Johannisnacht in der Annahme, daß in dieser Schwellenzeit »alle böse Geister schwärmen«.[69] Diesem Glauben entspricht die verspätete Warnung des Nachtwächters, sich nicht von einem bösen Geist berücken zu lassen. Aus diesem Zusammenhang wird auch verständlich, daß Hans Sachs einen Kobold für die nächtlichen Ausschreitungen verantwortlich macht. Nach Jacob Grimms »Deutscher Mythologie« ist der Kobold »ein winziger trügerischer Hausgeist«.[70] Diese Vorstellung küpft sich an kleine Götzenbilder, die aus Buchsbaum gefertigt werden und auf die heidnische Religion zurückgehen. Nach dem Volksglauben kann man sich »am Johannismittag [...] einen Hauskobold im Walde holen, der alle Arbeiten aufs schnellste verrichtet«.[71] Die Mächte des Irrationalen können sich aber auch der Kontrolle der Menschen entziehen und mit diesen ihren Spott treiben. Die »höhnische lache«[72] der Kobolde ist daher sprichwörtlich geworden.

Wenn Hans Sachs schließlich den Umtrieben eines Glühwurms die Schuld an dem Chaos zuschreibt, spielt er auf eine andere Vorstellung des Geisterglaubens an. Nach Simrock sollen nämlich in der Johannisnacht »Erlösung suchende Geister [...] umgehen«.[73] Die sogenannten Johanniswürmchen, von denen Sachs spricht, sind nämlich identisch mit den Irrlichtern, in denen verlorene Seelen Gestalt gewinnen und die Menschen vom rechten Pfad abbringen.[74]

Hans Sachs nimmt die irrationalen Seiten der menschlichen Psyche und Gesellschaft ernst, wobei der Mythos allerdings spürbar ironisiert wird. Gleichwohl will er den Dämonismus durch den gesunden Menschenverstand überwinden, indem er die symbolträchtige Verbindung zwischen Stolzing und Eva stiftet: »Nun aber kam Johannistag!-/Jetzt schaun wir, wie Hans Sachs es macht,/daß er den Wahn fein lenken kann:/Ein edler Werk zu tun«. (V.1984-1987)

Hans Sachs gelingt es durch eine neue Intrige, die Handlung zu einem glücklichen Ausgang zu führen. Beckmesser fällt wiederum einer Täuschung anheim

und wird als Künstler wie auch als Freier Evas der Lächerlichkeit preisgegeben. Hans Sachs macht dagegen Stolzing zum Meistersinger und führt ihn mit der Geliebten zusammen. Die Auflösung der Liebesgeschichte greift wiederum ein Motiv aus der Mythologie des Johannisfestes auf. Wenn der Johannistag eine »Spalte in der Zeit« bildet, in der Kosmogonie und Eschatologie präsent werden, kann dieser Termin auch Vorgriffe im biographischen Kontinuum der Einzelnen ermöglichen. So zitiert Karl Simrock aus Ludwig Tiecks Anmerkungen zu William Shakespeares Lustspiel »A Midsummer-nights dream«, das ebenfalls die Gefühlsverwirrungen seiner Liebespaare mit den Intrigen der Geisterwelt verknüpft: »die Johannisnacht wurde in England, wie fast allenthalben in Europa, zu manchem unschuldigem Aberglauben und Spiel gebraucht: den künftigen Mann oder die Geliebte zu erfahren, zu weissagen und dgl.«[75] Simrock lehnt zwar einen konkreten Bezug des Dramas auf das Fest ab, konnte aber Wagner auf ein mythologisch-literarisches Modell für seine Komödie hinweisen. Während Simrock meint, daß »die abergläubischen Gebräuche [...], deren Tieck gedenkt, [...] der Weihnacht und der Andreasnacht« angehören, »nicht der Johannisnacht«, werden sie in der späteren volkskundlichen Forschung diesem Tag zugewiesen. Auf jeden Fall handelt es sich bei allen drei Festen um die gleiche Vorstellung einer Übergangsphase im Jahreszyklus, in der Vergangenes und Künftiges synchron wird. »Johannisnacht und Johannistag gewähren, wie alle bedeutsamen Wendepunkte des Jahres, einen Blick in die Zukunft. Was in der Johannisnacht geträumt wird, geht immer in Erfüllung«: »Heirat und Tod sind die wichtigsten Gegenstände der Wißbegier.«[76] In Wagners »Meistersingern« hat Stolzing in der Johannisnacht einen Traum, in dem er mit seiner Geliebten verbunden ist. Hans Sachs fordert ihn auf, die Vision in ein Gedicht zu verwandeln und mit diesem um Eva zu werben.
Die divinatorische Kraft des Traumes wird zum Modell

der Poesie, welche raum-zeitliche und sinnweltliche Distanzen im Symbol überbrückt: »das grad ist des Dichters Werk/Daß er sein Träumen deut und merk./Glaubt mir, des Menschen wahrster Wahn/Wird ihm im Traume aufgetan:/All Dichtkunst und Poeterei/Ist nichts als Wahrtraumdeuterei«. (V.2001-2006) Das Preislied Walthers feiert die Geliebte zugleich als »Eva im Paradies« (V.2838) und »Muse des Parnaß« (V.2857), womit der Mythos zugleich erotisch aufgeladen und geistig transzendiert wird. Die Strophenanfänge des Gedichtes vollziehen nochmals den Tageszyklus nach, der den mythischen Kampf zwischen Licht und Dunkelheit in elementarer Weise zum Ausdruck bringt und das zeitliche Kontinuum des Stücks bildet. Im Unterschied zu Walthers poetischer Verwendung der deutschen Mythologie im ersten Akt wird diese hier zum Medium einer europäischen Kunstauffassung. Mit den Worten »morgendlich leuchtend in rosigem Schein« (V.2093) führt der Anfang des Gedicht in die Urlandschaft der Schöpfung, wie sie die Romantik von Johann Gottfried Herder an in den frühzeitlichen Poesien des Orients besungen sah. Wenn die zweite Strophe die vorübergehende Niederlage des Lichts in dem Vers »abendlich glühend [...] verschied der Tag« (V.2147f.) beklagt, schließt sich der abendländische Kunstmythos des kastilischen Quells an. Auf das Nachtstück folgt aber der Lobpreis des neuen Morgens, der die poetische Utopie in die soziale Realität überführt: »huldreichster Tag, dem ich aus Dichters Traum erwacht.« (V.2864f.) Während die dichterische Initiation Walthers im ersten Akt am Widerstand der Institution scheitert, wird ihm nun von Volk und Meistern spontan der Preis verliehen.

Während der mythische Kampf zwischen Licht und Finsternis durch seine poetische Rezeption zum individuellen Lebensmodell wird, fungiert das Motiv im dritten Akt auch als Mittel der kollektiven Identifikation, die sich durch das Kunstwerk vollzieht. So begrüßt das Volk seinen Helden Hans Sachs mit dem Lied des historischen Vorbilds: »Wacht auf, es nahet gen den Tag«.

(V.2663f.) Die Oper nimmt dabei auf einen Text Bezug, in dem der Dichter die Reformation feierte, die in der säkularistischen Sicht des 19. Jahrhunderts als Sieg der neuzeitlichen Vernunft über den mittelalterlichen Aberglauben gesehen wurde.[77]
Die deutsche Mythologie wird in Wagners »Meistersingern« in vielfältiger Weise dramaturgisch funktionalisiert, humoristisch gebrochen und poetologisch reflektiert. Das Werk will dabei keine nationale Mythologie begründen, die imperiale Überheblichkeit rechtfertigt, sondern einen politischen Kunstbegriff begründen, der die kollektiven Dämonologien und ihr Gewaltpotential überwindet. So heißt es in Wagners Entwurf zur Schlußansprache des Hans Sachs: »Welkt manche Sitt' und mancher Brauch,/Zerfällt in Schutt, vergeht in Rauch,-/Laßt vom Kampf!/Nicht Donnerbüchs' noch Pulverdampf/macht wieder dicht, was nur noch Hauch! Ehrt eure deutschen Meister, dann bahnt ihr gute Geister«. Die produktive Aneignung der literarischen Tradition wird hier als zivilisatorische Instanz dem politischen Ungeist entgegengesetzt. Die ideologische Instrumentalisierung des Werkes begann allerdings bereits während der Genese des Textes. So überzeugte Cosima Wagner den Komponisten, in die Endfassung der Rede den polemischen Gegensatz von deutscher Kunst und »welschem Tand« einzufügen, womit die Passage eine nationalistische Richtung erhält.[78]
Richard Wagners »Die Meistersinger von Nürnberg« zeigt die vielschichtige Rezeption der deutschen Mythologie in der romantischen Oper. Die Werke setzten zwar das christliche Wertesystem voraus, bearbeiten aber zugleich die weltanschaulichen Konflikte der Neuzeit. Die revolutionären Ideologien der Moderne werden dabei in der Präsenz einer mythischen Vorzeit und ihrer archaischen Gewaltbereitschaft gespiegelt. Die anarchistische Rebellion wird durch eine auf Konsens zielende Erneuerung der Gesellschaftsordnung überwunden, welche die christliche Tradition und bürgerliche Revolution zu versöhnen sucht. Webers

»Freischütz« zeigt diesen Reformismus in einer eher konservativen Ausprägung, Lortzings »Regina« dagegen in einer liberalen Variante. Während Wagners »Lohengrin« das Scheitern derartiger politisch-religiöser Konzepte aufzeigt, setzen »Die Meistersinger von Nürnberg« eine kollektive Kunstauffassung an ihre Stelle, die den Mythos positiv aufgreift. Die Rezeption aller vier Werke weist eine nationalistische Tendenz auf, die in dieser Weise kaum der Intention der Komponisten entspricht und erst durch die neuere Inszenierungsgeschichte in Frage gestellt wird.

---

1 Vgl. Michael Walter, »Die Oper ist ein Irrenhaus«. Sozialgeschichte der Oper im 19. Jahrhundert, Stuttgart 1997; Udo Bermbach/Wulf Kunold (Hrsg.), Der schöne Abglanz. Stationen der Operngeschichte, Berlin 1992.

2 Vgl. Hellmuth Christian Wolff, Geschichte der komischen Oper, Wilhelmshaven 1981.

3 Vgl. Anselm Gerhardt, Die Verstädterung der Oper. Paris und das Musiktheater des 19. Jahrhunderts, Stuttgart 1992; T. J. Walsh, Second Empire Opera. The Théatre Lyrique 1851-1870, London 1981.

4 Vgl. Jörg Krämer, Deutschsprachiges Musiktheater im späten 18. Jahrhundert. Typologie, Dramaturgie und Anthropologie einer populären Gattung, Tübingen 1998.

5 Vgl. Siegfried Goslich, Die deutsche romantische Oper, Tutzing 1975.

6 Max Maria von Weber, Carl Maria von Weber. Ein Lebensbild, hsrg. v. Rudolf Pechel, Berlin 1912, S. 356f.

7 Philipp Spitta, Carl Maria von Weber, hrsg. v. Hans Dünnebeil, Berlin 1947, S. 13.

8 Ebd., S. 16.

9 Ebd., S. 17.

10 Ebd., S. 20f.

11 Vgl. Erich Seemann, Artikel: »Freigewehr, Freikugel, Freischuß, Freischütz«, in: Hanns Bächtold-Stäubli (Hrsg.), Handwörterbuch des deutschen Aberglaubens, Berlin 1927ff, Nachdruck: Berlin 1987, Bd. 3, Sp.2-22.

12 Zit. ebd., S. 17.

13 Johann August Apel, »Der Freischütz. Eine Volkssage«, in: Johann August Apel/Friedrich Laun, Gespensterbuch, hrsg. v. Robert Stockhammer, Frankfurt a.M.1992, S. 14f.

14 Vgl. Jörg W. Gronius, »Jäger sind Mörder. Weidgerechtigkeit und Paarungsstress in Webers ›Freischütz‹«, in: Programmbuch: »Der Freischütz«, Staatsoper unter den Linden, Berlin 1997, S. 45-53.

15 Vgl. Artikel »Sam(m)ael«, in: Gustav Davidson, A Dictionary of Angels, New York 1971, S. 255. In den auch in der christlichen Neuzeit übersetzten und vielgelesenen »Pirkei (Kapitel) de Rabbi Eliezer« von 1644 figuriert dieser gefallene Engel als Aufrührer gegen die göttliche Allmacht und Verführer der ersten Menschen im Paradies. John Milton gestaltet die Figur Satans in seinem Epos »Paradise Lost« nach diesem jüdischen Vorbild und schuf so den Typus des romantischen Rebellen. Vgl. Golda Spiera Werman, »Midrash in Paradise Lost: Capitula Rabbi Elieser«, Milton Studies 18 (1983), S. 145-169. Die Bezeichnung Sam(m)iel könnte sich aus der Verwechslung mit einer Engelgestalt dieses Namens aus der apokryphen »Apokalypse des Petrus« herleiten, wie sie etwa Voltaire unterlief. Vgl. Artikel »Samiel«, in: G. Davidson, Dictionary of Angels, S. 256.

16 J. A. Apel, Der Freischütz, S. 24.

17 Ebd., S. 18.

18 Ebd., S. 38.

19 Ebd., S. 268.

20 Ebd., S. 268f.

21 Vgl. Max Horkheimer/Theodor W. Adorno, Dialektik der Aufklärung (1944), Frankfurt a.M. 1984. Zur engeren Thematik siehe auch Theodor W. Adorno, »Bilderwelt des Freischütz«, in: ders.: Gesammelte Schriften, Bd. 17, Frankfurt a.M. 1982, S. 36-41.

22 J. A. Apel, Der Freischütz, S. 27.

23 Ebd., S. 24.

24 Ebd., S. 26.
25 Vgl. Catherine Clément/Sudhir Kakar, Der Heilige und die Verrückte. Religiöse Ekstase und psychische Grenzerfahrung, München 1993.
26 J. A. Apel, Der Freischütz, S. 35.
27 Vgl. die Beschreibung der rituellen Trachten und Instrumente in: Mircea Eliade, Schamanismus und archaische Ekstasetechnik, 6. Auflage, Frankfurt a.M. 1989, S. 148-176. Über schamanistische Praktiken im Europa der frühen Neuzeit handelt Carlo Ginzburg, Die Benandanti. Feldkulte und Hexenwesen im 16. und 17. Jahrhundert, Frankfurt a.M. 1980.
28 Vgl. Michel Foucault, Wahnsinn und Gesellschaft, Frankfurt a.M. 1973.
29 J. A. Apel, Der Freischütz, S. 35.
30 Ebd., S. 42.
31 Zur Genese des Textes vgl. Hans Schnoor, Weber auf dem Welttheater. Ein Freischützbuch, Hamburg 1963, S. 71-94.
32 Vgl. Jacob Taubes, »Dialektik und Analogie« (1954), in: ders.: Vom Kult zur Kultur, hrsg. v. Aleida und Jan Assmann/Wolf-Daniel Hartwich, München 1996, S. 199-211.
33 A. Wrede, Artikel »Judas«, in: H. Bächtold-Stäubli, Handwörterbuch des deutschen Aberglaubens, Bd. 4, Sp.800f.
34 Vgl. Richard Faber, Die Verkündigung Vergils. Reich – Kirche – Staat, Hildesheim/New York 1975.
35 Vgl. Dieter Borchmeyer, »Ästhetische und politische Autonomie. Schillers ›Ästhetische Briefe‹ im Gegenlicht der Französischen Revolution«, in: Wolfgang Wittkowski (Hrsg.), Revolution und Autonomie. Deutsche Ästhetik im Zeitalter der Französischen Revolution, Tübingen 1990, S. 277-290.
36 Vgl. Brigitte Buberl, Erlkönig und Alpenbraut. Dichtung, Märchen und Sage in Bildern der Schack-Galerie, München 1990.
37 Vgl. Jürgen Lodemann (Hrsg.), 1848 und Regina. Eine deutsche Parallel-Chronik in Dokumenten, Gelsenkirchen 1988.
38 Vgl. Manfred Haedler, »Ein Schwanenritter für alle Fälle. Wagners Lohengrin: Mißverständnisse und Mißbräuche«,

in: Programmbuch »Lohengrin«, Staatsoper unter den Linden, Berlin 1996., S. 27-35.
39 Jacob Grimm, Deutsche Rechtsaltertümer, hrsg. v. Ruth Schmidt-Wiegand, Hildesheim/New York 1992, Bd. 1, S. 407.
40 Ebd., S. 410.
41 J. Grimm, Deutsche Rechtsalterthümer, Bd. 2, S. 413.
42 Ebd., S. 414.
43 Ebd., S. 564.
44 Ebd., S. 565.
45 Ebd., S. 565f.
46 Ebd., S. 566.
47 Ebd.
48 Jacob Grimm, Deutsche Mythologie, Bd. 2, S. 861.
49 Vgl. Jordi Mota/Maria Infiesta, Das Werk Richard Wagner im Spiegel der Kunst, Tübingen 1995.
50 J. Grimm, Deutsche Mythologie, Bd. 2, S. 873.
51 J. Grimm, Deutsche Mythologie, Bd. 1, S. 306
52 Ebd., S. 355.
53 Vgl. Robert Didion, »Regina – Eine Oper zwischen Revolution und Romantik«, in: Programmbuch »Regina« Schillertheater NRW Wuppertal/Gelsenkirchen 1997/1998, S. 66ff.
54 J. Grimm, Deutsche Mythologie, Bd. 1, S. 458.
55 J. Grimm, Deutsche Rechtsaltertümer, Bd. 2, S. 334.
56 Ebd., S. 335.
57 J. Grimm, Deutsche Mythologie, Bd. 2, S. 763.
58 Ebd., S. 765.
59 Heinrich Heine, Sämtliche Schriften, hrsg. v. Klaus Briegleb, Frankfurt a.M./Berlin/Wien 1981, Bd. 5, S. 465.
60 Vgl. Dieter Borchmeyer, Das Theater Richard Wagners. Idee-Dichtung-Wirkung, Stuttgart 1982, S. 220ff.
61 Zum historiographischen Konzept der ›teutschen Städte‹ vgl. J.Echternkamp, Der Aufstieg des Nationalismus, S. 332ff.
62 K. Simrock, Deutsche Mythologie, S. 580.
63 Ebd., S. 588.

64 Vgl. Victor Turner, Das Ritual. Struktur und Anti-Struktur, Frankfurt a.M. 1989, S. 94-127.
65 K. Simrock, Deutsche Mythologie, S. 589f.
66 Ebd., S. 590.
67 Ebd., S. 589.
68 Ebd., S. 588.
69 Ebd.
70 J. Grimm, Deutsche Mythologie, Bd. 1, S. 415.
71 Paul Sartori, Artikel »Johannes der Täufer«, in: H. Bächtold-Stäubli, Handwörterbuch des deutschen Aberglaubens, Bd. 4, Sp.721.
72 J. Grimm, Deutsche Mythologie, Bd. 1, S. 415.
73 K. Simrock, Deutsche Mythologie, S. 588.
74 Vgl. R. Riegler, Artikel »Johanniswürmchen«, in: H. Bächtold-Stäubli, Handwörterbuch des deutschen Aberglaubens, Bd. 4, Sp.763.
75 K. Simrock, Deutsche Mythologie, S. 577.
76 P. Sartori, Artikel »Johannes der Täufer«, in H. Bächtold-Stäubli, Handwörterbuch des deutschen Aberglaubens, Bd. 4, Sp.709.
77 Vgl. Heinrich Bornkamm, Luther im Spiegel der deutschen Geistesgeschichte, 2. Auflage, Göttingen 1970, S. 61-70.
78 Vgl. Harald Kisiedu, »Zur politischen Rezeption der ›Meistersinger von Nürnberg‹. Von der Uraufführung bis zum Nationalsozialismus«, in: Matthias Viertel (Hrsg.) »Achtet mir die Meister nur!« »Die Meistersinger von Nürnberg im Brennpunkt«, Hofgeismar 1997, S. 89-118, hier: S. 90-92.

IV. Richard Wagner und der germanische Mythos 1848/49

1. Der Mythos und Richard Wagners politische Ästhetik in den »Kunstschriften«

Das revolutionäre Engagement Richard Wagners im Zusammenhang des Dresdner Aufstands im Mai 1849 endete in einem politischen und persönlichen Desaster.[1] Die gewaltsame Niederschlagung der Revolte bedeutete für Wagner den Verlust seiner Position als Hofkapellmeister und das Exil, während einige seiner Freunde langjährige Haftstrafen verbüßen mußten. Die Auseinandersetzung mit dem revolutionären Ereignissen in Frankreich und Deutschland führten den Komponisten allerdings dazu, seine Kunstauffassung in einigen grundlegenden Texte zu reflektieren. Der ungewöhnliche Erfolg der Abhandlung »Kunst und Revolution« von 1848 veranlaßte ihn, dieser in kurzer Frist zwei weitere Schriften, »Das Kunstwerk der Zukunft« und »Kunst und Klima« folgen zu lassen. Diese sogenannten »Kunstschriften« machten den Verfasser romantischer Opern als Erfinder ästhetischer Theorien und sozialer Utopien bekannt. Die Texte brachten die polemischen Ideen und Schlagworte Wagners in die Debatte, die ihn über die musikgeschichtliche Bedeutung seiner Werke hinaus zum bedeutenden Faktor der europäischen Kulturgeschichte machten. Obwohl Wagner als politischer Aktivist scheiterte, konnte er sich als Revolutionär auf literarischem Gebiet durchsetzen. Aufgrund dieser neuen Resonanz verfolgte Wagner, der bisher nur mit musikalischen Fachartikeln und Novellen literarisch hervorgetreten war, die Strategie, sein

Opernwerk durch populärwissenschaftliche und weltanschauliche Texte zu flankieren. Diese doppelte Wirkung Wagners legte aber auch den Grund für viele ideologische Mißdeutungen und Instrumentalisierungen. Die »Kunstschriften« nehmen streckenweise die Rhetorik des Jungen Deutschlands und des linkshegelianischen Vormärz auf, überbieten aber die Kunstbegriffe beider Bewegungen, wenn sie die ästhetische Autonomie als kritisches Potential entdeckt. Das autonome Kunstwerk steht im Widerspruch zur kapitalistischen Gesellschaft, die alle kulturelle Tätigkeit einer heteronomen Zweckbestimmung unterwirft. Die eigentliche Krise der Kunst in der industriellen Welt sieht Wagner darin, daß auch »ihr wirkliches Wesen ... die Industrie« wird, »ihr moralischer Zweck der Gelderwerb, ihr ästhetisches Vorgeben die Unterhaltung der Gelangweilten«[2]. Anders als das Junge Deutschland macht Wagner die Kunst nicht unhinterfragt zum Medium der politischen Emanzipation sowie den Künstler zum Volkstribunen und Propheten, sondern sucht umgekehrt, »die Kunst als soziales Produkt zu erkennen«.[3] Die autonome Kunstauffassung wird also durch eine historisch-soziologische Perspektive ergänzt, um die gesellschaftlichen Bedingungen seiner Möglichkeit zu benennen.

Der soziale Kunstbegriff Wagners zeigt sich dabei in einer dynamischen Konstellation von Ästhetik, Religion und Politik, die als eigengesetzliche Bereiche voneinander abgegrenzt und in wechselseitige Beziehung gesetzt werden.

Das Modell der revolutionären Erneuerung der Kultur gewinnt Wagner gleichermaßen aus dem Theater der Griechen und der Lehre Jesu Christi. Der Autor entfaltet ein religions-, kunst- und gesellschaftshistorisches Panorama, das gleichsam die Kulisse für den Auftritt der germanischen Mythen bildet, mit denen er die neue Kunstform inszeniert. Am Beispiel Griechenlands zeigt Wagner, daß sich der autonome Charakter des Kunstwerks nicht aus der gesellschaftlichen Arbeitsteilung

ergibt, sondern diese gerade überwindet. Die kollektive ästhetische Erfahrung des griechischen Theaters stellt einen harmonischen Ausgleich zwischen Individuum und Gemeinschaft her. Die soziale Differenzierung, die entwickelte Gesellschaftsformen kennzeichnet, wird so zeitweise außer Kraft gesetzt. Diese egalisierende Funktion, die Religion und Kunst zusammen wahrnehmen, faßt Wagner in das Symbol des Gottes Apoll. Der griechische Tragödiendichter wird für Wagner zur Identifikationsfigur der Gemeinschaft, insofern er als Einzelner die professionelle Spezialisierung überwindet, wenn er sich zugleich durch Tanz, Musik und Sprache, poetisch und religiös artikuliert. Das Ende dieser Kunstform datiert Wagner mit der Krise der griechischen Polis. »Genau mit der Auflösung des athenischen Staates hängt der Verfall der Tragödie zusammen. Wie sich der Gemeingeist in tausend egoistische Richtungen zersplitterte, löste sich auch das große Gesamtkunstwerk der Tragödie in die einzelnen, ihm inbegriffenen Kunstbestandteile auf.«[4] Diese Dissoziierung von Individuum und Gesellschaft, Kultur und Öffentlichkeit, Religion und Kunst will Wagner durch sein Kunstwerk der Zukunft überwinden. Die Erneuerung der Kunst kann sich Wagner nur als das Ergebnis eines revolutionären Prozesses denken. Dabei macht Wagner das *Volk*, also die Gesellschaft im Ganzen, zu der kulturschaffenden Größe. Anders als die literarische Religionskritik des Jungen Deutschland und der englischen Romantik, wie sie noch bei Friedrich Nietzsche in rabiater Form nachwirkt, macht Wagner die antike Sklavenhaltergesellschaft nicht zum idealisierten Gegenbild der christlichen Zivilisation, das ästhetisch restituiert werden soll. Griechenland kann also nur die Idee bzw. den Typos des sozialen Gesamtkunstwerks darstellen, das es erst noch zu realisieren gilt.
Erstaunlicherweise läßt Wagner den revolutionären Prozeß, in dem sich die Aufhebung der gesellschaftlichen Entfremdung und die Ermöglichung der ästhetischen Autonomie gegenseitig befördern, auf das Evan-

gelium Jesu Bezug nehmen. Das »Kunstwerk der Zukunft« soll sein sozial normatives Komplement in einer »Religion der Zukunft« [5] finden.
Der jesuanischen Lehre der Freiheit von allen irdischen Verpflichtungen, der sich aus dem Glauben an das Reich Gottes ergibt, entspricht dabei dem Gedanken der ästhetischen Autonomie, die sich jeder Instrumentalisierung des Kunstwerks entzieht. Die neue Religion soll die gesellschaftliche Solidarität stiften, die den Einzelnen eine autonome Existenz ermöglicht.
»In diesem künftigen Zustande nun dürfen wir die Menschen erkennen, wie sie sich von einem letzten Aberglauben [...] befreit haben, [...] durch welchen der Mensch sich bisher nur als das Werkzeug zu einem Zwecke erblickte, der außer ihm selbst lag. Weiß der Mensch sich endlich selbst einzig und allein als Zweck seines Daseins, und begreift er, daß er diesen Selbstzweck am vollkommensten nur in der Gemeinschaft mit allen Menschen erreicht, so wird sein gesellschaftliches Glaubensbekenntnis nur in einer positiven Bestätigung jener Lehre Jesus' bestehen können, in welcher er ermahnte: ›Sorget nicht, was werden wir essen, was werden wir trinken, noch auch, womit werden wir uns kleiden, denn dieses hat euch euer himmlischer Vater alles von selbst gegeben !‹ Dieser himmlische Vater wird dann kein andrer sein als die soziale Vernunft der Menschheit, welche die Natur und ihre Fülle sich zum Wohle aller zu eigen macht.«[6] Diese Versöhnung von individueller und gesellschaftlicher Existenz des Menschen ist allen abstrakten Lehren der christlichen Askese vorgeordnet. Denn Jesus hätte »die allgemeine Menschenliebe«, die er predigte, »doch unmöglich denen [...] zumuten können, welche sich selbst verachten sollten«.[7]
Das Evangelium kann so im Bereich der Religion das *Kunstwerk der Zukunft* präfigurieren, das ästhetische Autonomie mit sozialem Anspruch verbindet. In diesem Sinne kann Wagner am Ende der Abhandlung die erneute Konvergenz von Religion und Kunst in der

künftigen Gesellschaft in kultischer Metaphorik beschreiben: »So laßt uns denn den Altar der Zukunft, im Leben wie in der lebendigen Kunst, den zwei erhabensten Lehrern der Menschheit errichten: – Jesus, der für die Menschheit litt und Apollon, der sie zu ihrer freudenvollen Würde erhob.«[8]

Richard Wagners Abhandlung »Das Kunstwerk der Zukunft« bringt seine Forderungen nach einer politisch-ökonomischen und ästhetischen Revolution in noch radikalerer Form vor. So behauptet Wagner, in der kulturellen Krise der Gegenwart kulminiere eine »Geschichte des absoluten Egoismus« und »das Ende dieser Periode« werde »seine Erlösung in den Kommunismus sein«.[9] Anders als Marx geht Wagner aber nicht von der einsinnigen Determination der Kultur durch die Ökonomie aus, sondern von der Eigendynamik und Wechselwirkung der beiden Systeme. Im Unterschied zur vorgegangenen Schrift tritt dabei der Mythos ins Zentrum der Kulturtheorie Wagners. Die soziale Bedeutung wird nun vor allem in der Bildung eines kollektiven Gedächtnisses gesehen.

Die ältesten Kulturen der Menschheit definieren sich durch den Mythos, der die natürlichen Merkmale einer Gruppe zur Herkunft von einem gemeinsamen Stammvater hypostasierte und schließlich ganz an ihre Stelle trat. Bei den Griechen verstärkte die Kunst das kulturelle Gedächtnis, das die Mythen tradierten, und löste das religiöse Ritual in dieser Funktion ab, als es das soziale Wissen nicht mehr vermitteln und evident halten konnte.

In »Das Kunstwerk der Zukunft« zeigt Wagner erstmals im Detail, wie er sich die Kunst als Modell der Gesellschaft und die Gesellschaft als Modell der Kunst denkt. Anders als in Griechenland intgrieren Kunst und Religion der Zukunft das Individuum nicht in ein ethnisch definiertes Kollektiv, sondern lassen es seine Eigenart exponieren und aus ihr eine ästhetische wie ethische Norm ableiten. Dabei kann das Kunstwerk nicht mehr wie noch das griechische Theater die reli-

giöse Geltung der Stammessagen voraussetzen, sondern jeder Dichter muß seinen Helden als menschheitliches Vorbild glaubhaft machen, indem er dessen Untergang als tragische Notwendigkeit zu Darstellung bringt. Der Künstler überbietet durch seine vollständige Identifikation mit dem mythischen Vorbild das Priestertum, das zwischen Amt und Person trennt. »Aber nur in dem Grade erreicht er seine eigene Absicht, als er [...] die Handlung des gefeierten Helden nicht nur darstellt, sondern sie moralisch durch sich selbst wiederholt, indem er nämlich durch dieses Aufgeben seiner Persönlichkeit beweist, daß er auch in seiner künstlerischen Handlung eine notwendige, die ganze Individualität seines Wesens verzehrende Handlung vollbringt«.[10] Durch dieses poetische Martyrium beglaubigen die Künstler der Zukunft ihre individuellen ästhetischen Normen, deren Konstellation und Sukzession das soziale Gesamtkunstwerk ausmacht. Die permanente Revolutionierung der Kunst, die sich aus dem ethisch-religiösen Engagement des Einzelnen speist, verhindert die konformistische Beliebigkeit der Mode und die elitäre Erstarrung des Kunstexpertentums. Dabei schlägt Wagner ein plebiszitäres Modell für das Verhältnis von Künstler und Publikum, Kunstwerk und ästhetischer Norm vor. Der »Dichter« erhebt sich »zum künstlerischen Gesetzgeber der Gemeinschaft, um von dieser Höhe vollkommen wieder in die Gemeinschaft aufzugehen. Das Wirken dieses Gesetzgebers ist daher immer nur ein periodisches, das nur auf den einen besonderen, von ihm aus seiner Individualität angeregten, und zum gemeinsamen künstlerischen Gegenstand erhobenen Fall sich zu erstrecken hat; [...] Die Diktatur des dichterischen Darstellers ist naturgemäß zugleich mit der Erreichung seiner Absicht zu Ende.«[11]
Die ästhetische Autonomie institutionalisiert sich in einer »künstlerischen Genossenschaft, die zu keinem anderen Zwecke als zu dem der Befriedigung gemeinschaftlichen Kunstdranges sich vereinigt«. Durch diese soziale Kunst soll die künftige Menschheit lernen, ihre

gemeinsamen Bedürfnisse zur Grundlage der gesellschaftlichen Organisation zu machen, die Wagner in dem »Bedürfnis, zu leben und glücklich zu sein«, zusammenfaßt.[12] Der partikularisierenden Wirkung der modernen Gesellschaft setzt Wagner die integrative Größe des *Volkes* entgegen. Die bisherigen Ausführungen sollten deutlich gemacht haben, daß »Das Kunstwerk der Zukunft« Sozialität als synergetische kulturelle Leistung der Individuen konzipiert, die den Ego- und Ethnozentrismus ins Menschheitliche transzendieren soll. Daher ist Wagners Vorstellung des *Volkes* auch deutlich von der späteren »völkischen« Ideologie abzugrenzen, die eine archaische naturhafte Gemeinsamkeit suggeriert und dabei den Willen der Einzelnen negiert. Gleichwohl wurden in der Rezeptions- und Forschungsgeschichte diese beiden gegensätzlichen Vorstellungen oftmals verwechselt.[13] Das *Volk* definiert sich für Wagner gerade nicht durch die Affirmation gemeinsamer Eigenschaften, sondern durch die Distanzierung von einer kollektiven Erfahrung der Entfremdung, der »Not«.

Am Ende von »Das Kunstwerk der Zukunft« illustriert Wagner sein Programm an zwei Exempeln einer solchen Befreiung, die sich mythopoetisch im kulturellen Gedächtnis des Abendlandes festgeschrieben haben: dem biblischen Exodus des jüdischen Volkes aus der ägyptischen Sklaverei und der germanischen Sage von Wieland dem Schmied, die wiederum auf den griechischen Dädalusmythos verweist. Diese religions- und kunstgeschichtlichen Gründermythen inszeniert der Text als typologische Urbilder des sozialen *Kunstwerks der Zukunft*. Den Auszug aus Ägypten sieht Wagner als Bildung einer revolutionären Gemeinschaft, die sich als religiöse Sendung artikulierte. »Diese Not trieb einst die Israeliten, da sie bereits zu stumpfen, schmutzigen Lasttieren geworden waren, durch das Rote Meer; und durch das Rote Meer muß auch uns die Not treiben, sollen wir, von unserer Schmach gereinigt, nach dem gelobten Lande gelangen. Wir werden in ihm nicht ertrinken, es ist nur den Pharaonen dieser Welt gefährlich, die schon einst mit Mann und Maus, mit Roß und Reiter darin verschlungen wurden [...] Das Volk, das auserwählte Volk, zog aber unversehrt durch das Meer nach dem Lande der Verheißung, das es erreichte, nachdem der Sand der Wüste die letzten Flecken knechtischen Schmutzes von seinem Leibe gewaschen hatte.«

Während Wagner die israelitische Sage eine kollektive Selbstdefinition durch die Religion reflektieren läßt, betont seine Deutung der Wielandsage, die er dem deutschen Volk als Vorbild hinstellt, die Bedeutung der Kunst für die Rettung des Individuellen. »Das Kunstwerk der Zukunft« stilisiert den Wieland-Mythos, den Wagner im Jahre 1849 auch zum Gegenstand eines dramatischen Entwurfs machte, in expliziter Entsprechung zu seiner Theorie der Selbstentfremdung der Kunst und des Künstlers in der kapitalistischen Gesellschaft. Anfangs kann Wieland der Schmied das Ideal künstlerischer Autonomie verwirklichen, wenn er allein »aus Lust und Freude an seinem Tun die kunstreichsten Geschmeide« schuf.[14] Der Künstler hat auf dieser Kulturstufe noch eine unmittelbare Beziehung zum Bereich der mythischen Wesen, wenn er sich mit einer Schwanenjungfrau verbindet. Die Kunst Wielands wird aber auf ihren materiellen Wert reduziert und dem Egoismus der Macht und des Reichtums, den die Gesetze legitimieren, dienstbar gemacht. »Einen König Neiding gab es, der hatte viel von Wielands Kunst gehört; ihn gelüstete es, den Schmied zu fangen, daß er fortan ihm einzig Werke schaffen möge. Auch einen gültigen Vorwand fand zu dieser Gewalttat: das Goldgestein, daraus Wieland sein Geschmeide bildete, gehörte dem Grund und Boden des Neiding an, und so war Wielands Kunst ein Raub am königlichen Eigentume. – Er war nun in sein Haus eingedrungen, überfiel ihn jetzt, band ihn und schleppte ihn mit sich fort. Daheim an Neidings Hofe sollte Wieland nun dem Könige allerhand Nützliches, Festes und Dauerhaftes schmieden: Geschirr,

Zeug und Waffen, mit denen der König sein Reich mehrte.« Das Kunstwerk wird zum Gebrauchsgegenstand funktionalisiert und zu politischen Zwecken instrumentalisiert. Die entmenschlichende Deformation des Künstlers durch diese entfremdeten Arbeit, die ihn zum bloßen technischen Spezialisten macht, zeigt sich darin, daß der König »ihm die Fußsehnen [...] durchschneiden« ließ, da »der Schmied nicht die Füße, sondern nur die Hände zu seiner Arbeit brauchte«.[15] Die Kraft zum Aufstand gegen den Peiniger gewinnt Wieland aus der Erinnerung an die mythische Lebensform der Schwanenjungfrauen. Diese ist ihm freilich in der Zivilisation nicht mehr zugänglich, so daß er sie neu »erfinden« muß, indem er sich Flügel schmiedete. »Getragen von dem Werke seiner Kunst flog er auf zu der Höhe, von wo er Neidings Herz mit tödlichem – Geschosse traf«.[16]

2. Jesus und Siegfried: Richard Wagners dramatische Entwürfe

Die literarischen Traditionen der Bibel und der germanischen Mythologie, die Wagner am Ende von »Das Kunstwerk der Zukunft« zitiert, lieferten auch die Stoffe für seine dramatischen Pläne der Jahre 1848/49, nämlich einerseits »Jesus von Nazareth«, andererseits der »Nibelungen-Mythus« und »Siegfrieds Tod«. Dabei stehen die kulturellen Zusammenhänge des antiken Judentums, in die Wagner das Leben Jesu einbettet, noch gleichberechtigt neben der nordischen Kultur, für die sich Wagner mit der Ausarbeitung von »Der Ring des Nibelungen« schließlich entscheiden sollte. Interessanterweise betont Wagner dabei in »Das Kunstwerk der Zukunft«, daß ihn die »Israeliten einmal in das Gebiet der schönsten aller Dichtungen, der [...] Volksdichtung geleitet haben«.[17] Von einer nationalistischen Glorifizierung des Germanentums kann hier also nicht die Rede sein.

Die Revolutionierung von Kunst und Religion, die Wagners theoretische Schriften fordern, bestimmt dabei sowohl seine Behandlung der Evangelien wie der Nibelungensage, wobei sich zahlreiche motivische Verbindungen herausarbeiten lassen.
Der theoretischen Forderungen für das dramatische Kunstwerk der Zukunft entsprechend, zentriert Wagner die biblischen und mythologischen Komplexe jeweils auf das tragische Geschick eines Helden. Der Tod Jesu wie der Siegfrieds verweist dabei auf eine menschheitsgeschichtliche Zäsur. Während der biblische Heros vor eine detaillierte historische Kulisse gestellt wird, bewegt sich der germanische Held in einem vorzeitlich mythischen Szenario, dem Wagner wegen seiner Allgemeingültigkeit schließlich den Vorzug gegeben hat. Gleichwohl spielen beide Handlungen die bekannten Themen der gesellschaftlichen Selbstentfremdung und der individuellen Selbstüberwindung durch. Die Behauptung der Autonomie des Schönen und Heiligen vor dem Hintergrund der politisch-ökonomischen Instrumentalisierung von Kunst und Religion stellt dabei wiederum das Paradigma dar.
Das Verhältnis von Religion und Politik exponiert Wagners »Jesus von Nazareth« anhand der messianischen Bewegungen im Judentum. Die Dramatisierung des Evangelienstoffs zeigt dabei Gattungsmerkmale der griechischen Tragödie. Die Skizze setzt mit der Schilderung eines fiktiven Dialogs über das Wirken Jesu zwischen Judas Ischarioth und Barrabas (sic!) ein, der »einen Aufstand in Judäa gegen das römische Joch« beabsichtigte. »Nun wäre in Jerusalem alles voll von dem Sohne Davids, der sich in Galiläa kundgegeben; man erwarte sich von ihm den Messias«. Judas bestätigt, daß sich der Nazarener »Erlöser« nennt, »noch habe er [...] aber nicht Klarheit darüber erlangen können, wie Jesus seinen Beruf zu erfüllen gedenke; herzlich wünsche auch er, daß Jesus die Zügel des Volkes ergreifen möge, um als König der Juden frei und offen die Errettung des auserwählten Volkes zu bewirken«.[18]

Aufgrund der überragenden öffentlichen Wirkung Jesu, die im zweiten Akte gezeigt wird, läßt das jüdische Volk Barrabas und seine Anhänger fallen. Die Lehre Jesu, die seine Jünger und das Volk mißdeuten, besteht aber in der »Erlösung aller Völker der Erde durch ihn, nicht der Juden allein«[19] und verweist so auf die universalistische *Religion der Zukunft*. Die Peripetie setzt im dritten Akt ein, als Jesus dem Volk Jerusalems seine »wahre Sendung« offenbart. Die verwirrte Menge fällt nun von ihm ab und der enttäuschte Judas verrät ihn. Anders als in der griechischen Tragödie resultiert der Fall des Helden hier nicht aus dem eigenen tragischen Irrtum, sondern aus der Fehleinschätzung durch seine Umwelt. Damit gleicht Wagner sein Drama dem Märtyrerstück an, in dem der Held seine Wahrheit in vollem Bewußtsein gegen die verständnislose Umwelt setzt und durch seinen Tod bezeugt. Die Schürzung des Knotens vollzieht sich auf der Ebene der politischen Interessen des Pilatus, der die römische Herrschaft bedroht sieht, und der jüdischen Aristokratie, deren Privilegien Jesus in Frage stellt. Die katastrophische Zuspitzung des vierten und fünften Akt imaginiert Wagner in der effektvollen Art der großen Oper. Das Schlußtableau sollte aber zeigen, wie die Jünger und das Volk durch die Kreuzigung Jesu den wahren Sinn des Evangeliums erkennen. »Petrus [...] verkündet in hohem Enthusiasmus die Erfüllung von Jesus' Verheißung: sein Wort stärkt und begeistert alles; er redet das Volk an – wer ihn hört drängt herzu und begehrt die Taufe (Aufnahme in die Gemeinde).«[20]
Auf diese Handlungsskizze folgt ein Teil mit weiteren von Wagner formulierten Aussprüchen Jesu und ihrer theologischen Deutung, die noch durch eine abschließende Sammlung von Evangelienstellen ergänzt wird. Wagner interpretiert das Evangelium Jesu als Lehre von der Liebe, die den Egoismus überwinden soll und sich dabei gegen das *Gesetz* wendet. Dabei versteht er unter dem *Gesetz* nicht in erster Linie die jüdische Religionsform, sondern ein generelles Phänomen der

menschlichen Gesellschaft. In diesen Ausführungen orientiert sich Wagner mehr an der paulinischen Gesetzeskritik des Römerbriefs als an den Aussagen der Evangelien. Die Sünde kam erst durch das *Gesetz* in die Welt, das die Natur des Menschen verdammte, und wird durch den Erlöser beseitigt. Wie das *Kunstwerk der Zukunft* rechtfertigt auch die Liebesreligion Jesu die natürlichen Bedürfnisse des Menschen, die in der Gemeinschaft Erfüllung finden sollen. Die Liebe gewährt dabei »alle Befriedigung«, indem sie sich am Individuellen entzündet und dieses in eine soziale Beziehung einbindet. Das »Gesetz« wurde dagegen »zur Beschränkung der Liebe« geschaffen, »um einen Zweck zu erreichen, der außerhalb der menschlichen Natur liegt – das ist Macht, Herrschaft – vor allem aber *Schutz des Besitzes*«.[21]
Die Wirkung der absichtsvoll inhumanen Norm als selbstläufigem Generator absichtsloser menschlicher Schuld zeigt Wagner am Beispiel des Schwörens, das Jesus ablehnt: »in dem Eide lag das bindende Gesetz einer Welt, welche noch nicht die Liebe kannte [...]: durch einen Eid gebunden, bin ich unfrei: tue ich in seiner Erfüllung Gutes, so verliert dies seinen Wert (wie jede gezwungene Tugend) [...]; führt er mich zu Üblem, sündige ich dann mit Überzeugung. Der Eid bringt jedes Laster hervor: bindet er mich gegen meinen Vorteil, so werde ich ihn zu umgehen suchen (wie jedes Gesetz umgangen wird), und so wird das, was ich ganz nach meinem Recht täte, indem ich meinem Gedeihen nachgehe, durch den Eid zum Verbrechen«.[22]
An provozierenden Beispielen zeigen Wagners Jesusworte, daß aus der Delegitimierung des Gesetzes eine antinomistische Praxis folgen kann. Der Reichtum erscheint etwa verwerflicher als der Diebstahl. »Wer Schätze häufte, die Diebe stehlen können, der brach zuerst das Gesetz, indem er seinem Nächsten nahm, was ihm nötig ist«.[23] Der Ehebruch ist legitim, »wenn die Ehe ohne Liebe geschlossen ward« und das Elternrecht ist nicht mehr verbindlich, wenn es »in Zwang gegen

die Kinder überging«.[24] Die Aufhebung des egoistischen Prinzips, wie es im *Gesetz* zum Ausdruck kommt, vollzieht sich in einer Skala der Selbstentäußerung, die von der geschlechtlichen Liebe über den Heldentod bis zum Martyrium für das Heil der Menschheit reicht, wie es Jesus vorgelebt hat.

Die Christologie Wagners bezieht sich auf linkshegelianische Anschauungen über den göttlichen Status der Menschheit, die auch Heine vertrat. Das menschliche Bewußtsein habe das absolute Wissen erreicht und den transzendenten Gottesbegriff abgelöst, so daß es sich nun ein libertäres Gesetz auf den Leib schreiben könne. Die interessantere Konsequenz Wagners ist aber, daß sich »das Gesetz gegen Gott selbst« wendet, indem es ihn auf einen Begriff des Guten festlegt und so seine schöpferische Kraft lähmt. Wenn der Mensch das Gesetz aufhebt, beendet er also auch »das Leiden Gottes«, indem er ihn wieder mit der Natur vereint.[25] Der erlösungsbedürftige Gott, der sich einen menschlichen Befreier erwählt, wird für Wagner bis zum »Ring des Nibelungen« und dem »Parsifal« ein zentrales Motiv bleiben.

Die ersten Entwürfe Wagners zum Nibelungen- und Siegfriedstoff gehen dem Entwurf zu »Jesus von Nazareth« unmittelbar voraus. »Der Nibelungen-Mythus« gibt eine knappe Prosaskizze der ganzen späteren Tetralogie. Der Handlungsgang von »Die Götterdämmerung« ist in »Siegfrieds Tod« vollständig dramatisch ausgearbeitet. Gleichwohl gibt es wichtige inhaltliche Unterschiede zwischen den beiden Fassungen. Dabei weist »Der Ring des Nibelungen« in allen Phasen seiner Entstehung enge Bezüge zu den »Kunstschriften« auf. Auch gehen viele Motive aus den anderen dramatischen Projekten des Revolutionsjahres in das Hauptwerk ein. Erstaunlicherweise werden gerade wichtige Aspekte der »Jesus«-Dichtung, die im »Nibelungen-Mythus« nur angedeutet sind, später in der »Ring«-Tetralogie weiter entfaltet. Diese Parallelen sollen im folgenden herausgearbeitet und ihre Bedeutung für das

Verhältnis von Kunst und Religion bei Wagner bestimmt werden.

Bereits der Titel von »Siegfrieds Tod« verweist auf Wagners Theorie der Tragödie als eines ästhetischen Totenkultes, der das Ableben des Helden dramatisch motiviert und als moralisches Vorbild vergegenwärtigt. Die Vorgeschichte des Todes Siegfrieds wird im »Nibelungen-Mythus« bis in in die Urzeit zurückverfolgt, in der die Götter – und Menschenwelt gegründet wurde. Die zentrale Figur ist der Göttervater Wotan, der als ein *salvator salvandus* im Sinne des »Jesus von Nazareth« erscheint. Der Gott hat sich als Hüter der sittlichen Weltordnung an ein Gesetz gebunden, das er zur eigenen Selbstbehauptung übertreten muß. Die Analogie zur jesuanischen Kritik des Eides wird in »Das Rheingold« deutlich. Wotan verspricht den Riesen, Fasolt und Fafner, die ihm eine Festung gegen die Feinde des Göttergeschlechts bauen sollen, seine Tochter Freia. Damit geht der Gott einen Pakt ein, den er nicht erfüllen kann. Denn die Wegnahme Freias würde das Ende der Götter herbeiführen, da sie über die Früchte des ewigen Lebens verfügt.

Die Kritik der abstrakten Normsysteme verknüpft Wagner dabei mit dem Thema der Entstellung des Schönen zum Eigentum und Machtmittel. In »Das Rheingold« wird Wotan von Fasolt darauf hingewiesen, daß seine Herrschaft »nur durch Verträge« (V.489) besteht und durch ihre Geltung begrenzt ist. Anderseits betont der Riese, daß das Streben nach äußerlicher Macht der ästhetischen Sendung der Götter widerspricht: »Die ihr durch Schönheit herrscht/schimmernd hehres Geschlecht,/Wie töricht strebt ihr /nach Türmen von Stein/Setzt um Burg und Saal Weibes Wonne zum Pfand« (»Das Rheingold«, V.511-516). Als Wotan seine Tochter den Riesen versprach, reduziert er ihre Schönheit auf den Tauschwert. Während aber Fasolt vom sinnlichen Reiz der Göttin fasziniert ist, will sein Bruder Fafner allein die »goldne[n] Äpfel« (Rheingold, V.529) an sich bringen, auf denen die Herrschaft der Götter beruht.

Das zentrale Sakrileg gegen die ästhetische Autonomie ging diesem Handel aber noch voraus, als Wotans Gegenspieler Alberich das *Rheingold* raubte. Das mythische Gold auf dem Grunde des Rheins, dessen Glanz die Strahlen der Sonne reflektiert, verkörpert in absoluter Weise die kosmische Schönheit, solange es den Blicken entzogen bleibt und allein die Rheintöchter erfreut. Alberich formt das Gold dagegen zum Ring und macht es so zum Gebrauchsgegenstand, durch den er sich Reichtum und Macht erwerben will. Ähnlich wie König Neiding in »Das Kunstwerk der Zukunft« Wieland knechtet, zwingt Alberich seinen kunstfertigen Bruder, den Schmied Mime, sowie »sein ganzes Geschlecht, die Nibelungen, [...] für ihn hinfort allein zu arbeiten und sammelte den unermeßlichen Nibelungenhort«.[26] Der Gegensatz des Gesetzes der Macht und der Macht der Liebe, der die Lehre von Wagners Jesus bestimmt, kommt in den späteren Fassung zum Tragen, wenn Alberich »der Minne Macht entsagt« (»Das Rheingold«, V.268f), um den Ring zu schmieden.
Wenn Loge, der Ratgeber Wotans, seinem Herrn rät, Alberich den Hort durch eine List zu entwenden, um Freia auszulösen, wendet er die jesuanische Lehre Wagners, daß das Eigentum des Reichen Diebstahl sei und dem Bedürftigen zukomme, ins Zynische: »was ein Dieb stahl,/stiehlst du dem Dieb« (»Das Rheingold«, V.770f). Da das Handeln Wotans aber durch seinen Eid determiniert bleibt, kann es nichts Gutes bewirken, »denn die Knechtschaft der Nibelungen ist nicht zerbrochen; die Herrschaft ist Alberich nur geraubt, und zwar nicht für einen höheren Zweck«.[27] Der Machtpolitiker Fafner beseitigt den Ästheten Fasolt, um den Nibelungenhort an sich zu reißen und seinen *Besitz* in Gestalt eines allesverschlingenden Riesenwurmes zu hüten.
Auch hier ist es die Menschheit, die den Gott von der Sünde erlösen soll, indem sie in Gestalt des Helden das *Gesetz* beseitigt. »Wotan selbst kann aber das Unrecht nicht tilgen, ohne ein neues Unrecht zu begehen; nur

ein von den Göttern selbst unabhängiger freier Wille, der alle Schuld auf sich selbst zu laden imstande ist, kann den Zauber lösen, und in dem Menschen ersehen die Götter die Fähigkeit zu solchem freien Willen. In den Menschen suchen sie also ihre Göttlichkeit zu übertragen, um seine Kraft so hoch zu heben, daß er, zum Bewußtsein dieser Kraft gelangend, des göttlichen Schutzes selbst sich entschlägt [...] Im Geschlechte der Wälsungen soll endlich der Held geboren werden«, der Fafner den Ring abnimmt und die Weltordnung restituiert.[28] Wenn Wotan »eine unfruchtbar gebliebene Ehe dieses Geschlechtes [...] durch einen Apfel Holdas« befruchtet, so daß aus ihr die Eltern Siegfrieds, das Zwillingspaar Siegmund und Sieglinde, hervorgehen, verweist das auf die wunderbare Geburt biblischer Propheten und vor allem des Täufers Johannes, der dem Heiland voranging. »Die Walküre« verzichtet auf diese heilsgeschichtliche Anspielung und betont dagegen das antinomistische Moment des Ehebruchs und Inszests, aus dem der Held hervorgeht. Ähnlich wie Wagners Jesus sucht Wotan in der Auseinandersetzung mit Fricka die Freiheit der Liebe gegen die konventionelle Moral zu rechtfertigen: »Unheilig/acht' ich den Eid/ der Unliebende vereint« (»Die Walküre«, V.670f). Aber wiederum muß sich der Gott dem *Gesetz* unterwerfen und sogar seine geliebte Tochter Brünnhilde bestrafen, die gegen Wotans Befehl seine ursprüngliche Absicht durchsetzen will. Die Befreiung des Menschen von der göttlichen Prädestination gestaltet Wagners »Siegfried«, wenn sich der Held gegen den Willen seines Ahnherrn Wotan mit Brünnhilde verbindet. Das Handeln Siegmunds und Sieglindes wie Brünnhildes und Siegfrieds entspricht dabei der von Wagners Jesus geforderten Auflehnung der Kinder gegen die tyrannischen Besitzansprüche der Eltern, die letzlich nur Ausdruck ihrer »freien Liebe« zu ihnen ist und sich in der unabhängigen Wahl des Sexualpartners zeigt.[29]
Die Abfolge der »Ring«-Dramen gestaltet die Säkularisierung der mythischen Welt, indem sich die numino-

sen Mächte immer mehr von der Bühne zurückziehen. Während in »Das Rheingold« nur Götter und mythische Wesen auftreten, ist das heroische Zeitalter in »Die Walküre« durch die Konvivenz von Göttern und Menschen bestimmt. Die religiöse Hierarchie der Werte ist dabei aber noch in Geltung. Im Märchenwald des »Siegfried« tritt das Numinose nur noch in Gestalt des Wunderbaren auf und muß sich der menschlichen Konkurrenz stellen, der es schließlich unterliegt. Bereits im Titel »Götterdämmerung« bringt der letzte Teil die völlige Entzauberung der Welt auf den Begriff. Das Verschwinden des Heiligen kann sich dabei als Humanisierung darstellen wie in der Beziehung Brünnhilds und Siegfrieds oder sich als menschenverachtender Materialismus auswirken, wie er im Reich der Gibichungen herrscht.

An diesem Hof übt Hagen, der Sohn Alberichs, seine Macht auf König Gunther und seine Schwester Gutrune aus. Siegfried wird hier als Besitzer des Nibelungenhorts gerne aufgenommen, obgleich ihm der Reichtum nichts und Brünnhildes Liebe alles bedeutet. Aber dieser soziale Kosmos wird von Hagen zerstört, der den Ring zurückgewinnen will. Durch einen Vergessenstrank wird Siegfried dazu gebracht, Brünnhilde für Gunther zum Weib zu gewinnen und Gutrune zu ehelichen. Die primitiven Tieropfer, die Hagen seine Mannen an diesem Festtag zu vollbringen heißt, führen den bloß ritualistischen Charakter der Religion in einer nur an diesseitigen Werten orientierten Gesellschaft vor: »Starke Stiere/Sollt ihr schlachten:/Am Weihstein fließe/Wotan ihr Blut [...] Einen Eber fällen sollt ihr für Froh;/Einen stämmigen Bock/Stechen für Donner:/Schafe aber/Schlachtet für Fricka/Daß gute Ehe sie gebe« (»Götterdämmerung«, V.1052-1063). Während die vorangehenden Teile der Tetralogie das Handeln der personal gedachten Götter psychologisch und politisch motivieren, legt Hagen den göttlichen Willen auf ein magisch-materialistisches *do ut des* fest. Der Mythos als Grundlage sozialer Werte, wie sie in der Ehe zum

Ausdruck kommen, erscheint hier als überständiger Totemismus, der Gott und Tier identifiziert.
Siegfried ist keine Heilandsfigur, die den blutigen Ritualen dieser Welt zum Opfer gebracht wird, sondern ein tragischer Held im griechischen Sinne, da er zwar ohne Schuld, aber in einem Zustand der egozentrischen Verblendung seinem Tod entgegengeht. So verweigert er den Rheintöchtern den für ihn bedeutungslosen Ring und wird seinetwegen von Alberichs Sohn, Hagen, erschlagen. Die eigentliche heroische Märtyrer- und Erlösergestalt ist dagegen Brünnhilde, die sich in vollem Bewußtsein opfert, um den Ring seinem Element zurückzugeben und die »Knechtschaft« der Nibelungen aufzukündigen. (»Siegfrieds Tod«, V.1370f). Wie am Schluß von »Jesus von Nazareth« die wahre religiöse Bedeutung, das Evangelium wieder hervortritt, erlangt auch »Das Rheingold« seinen ästhetisch autonomen Status zurück. Die Emanzipation der Religion wie der Kunst vom Gesetz der Macht verweist dabei auf die Befreiung der unterdrückten Menschheit.

---

1 Vgl. Bernd Kramer, »Laßt uns die Schwerter ziehen, damit die Kette bricht«. Michael Bakunin, Richard Wagner und andere während der Dresdner Mai-Revolution 1849, Berlin 1999.
2 R. Wagner, Gesammelte Schriften, hrsg. v. Julius Kapp, Leipzig o.J., Bd. 10, S. 24.
3 Ebd., S. 14.
4 Ebd., S. 17.
5 Ebd., S. 70.
6 Ebd., S. 38.
7 Ebd., S. 20.
8 Ebd., S. 47.
9 Ebd., S. 141.

[10] Ebd., S. 173.
[11] Ebd., S. 174.
[12] Ebd., S. 176.
[13] So etwa Marc Weiner, Richard Wagner and the Anti-Semitic Imagination, Lincoln/London 1995, S. 35-103. Zum Wagner-Kreis vgl. Vgl. George L. Mosse, Die völkische Revolution. Über die geistigen Wurzeln des Nationalsozialismus, Frankfurt a.M. 1979, S. 102-104.
[14] R. Wagner, Gesammelte Schriften, Bd. 10, S. 183.
[15] Ebd., S. 184.
[16] Ebd., S. 184f.
[17] Ebd., S. 183.
[18] R. Wagner, Gesammelte Schriften, Bd. 6, S. 194.
[19] Ebd., S. 200.
[20] Ebd., S. 206.
[21] Ebd., S. 209.
[22] Ebd., S. 208.
[23] Ebd., S. 212f.
[24] Ebd., S. 210.
[25] Ebd., S. 219.
[26] Ebd., S. 140.
[27] Ebd., S. 141.
[28] Ebd., S. 141f.
[29] Ebd., S. 211.

V. Das Nibelungenlied als deutsch-jüdischer Mythos

1. Jüdische Nibelungenrezeption zwischen Emanzipation und Antisemitismus

Die Rezeption des Nibelungenliedes im 19. Jahrhundert ist eng verbunden mit den deutschen Einheitsbestrebungen nach den Napoleonischen Kriegen. Die Erfindung eines nationalen Selbstverständnisses der Deutschen legitimierte sich durch den Rückgriff auf die mittelalterliche Überlieferung. Während der ästhetische Rang der mittelhochdeutschen Epen von ihrer allmählichen Wiederentdeckung um die Mitte des 18. Jahrhunderts an umstritten war, konnte der von ihnen repräsentierte soziale Kosmos für die kollektive Selbstdefinition wichtig werden. Die Politisierung des akademischen Bildungsgedankens innerhalb der Turnerbünde und Burschenschaften entsprach dieser Entwicklung. Das Aufkommen der germanophilen Mode überschneidet sich dabei mit dem älteren Philhellenismus, der eine enge geistige Verwandschaft des »Deutschen« mit dem antiken Griechentum konstatierte und aus dieser politische Modelle herleitete. Der anonyme Dichter des Nibelungen trat in Konkurrenz zum legendären Homer. Das Nibelungenlied wurde dabei als Verherrlichung eines kriegerischen Heroentums mit der Ilias verglichen. Innerhalb der wissenschaftlichen und literarischen Wertungszusammenhänge konnten beide Werke in die unterschiedlichsten Konstellationen treten.[1] Die Weimarer Klassik und vor allem das Werk Goethes bildet einen weiteren normativen Bezugspunkt.

Die kulturelle Formierung der deutschen Identität ging dabei schon früh mit der Ausgrenzung des Fremden einher. So wurde die gesellschaftliche Integration der jüdischen Bevölkerung als Bedrohung der Kohärenz und Autonomie des nationalen Verbandes gesehen, zumal die rechtliche Gleichstellung der Juden ein Anliegen der Napoleonischen Gesetzgebung bildete.[2] Der bürgerliche Antisemitismus des 19. Jahrhunderts weist dabei eine paradoxale Struktur auf, da die Juden zumeist die gleichen kulturellen und politischen Ideale teilten wie die anderen Deutschen der Bildungsschicht. Dieses Paradox prägt auch die jüdische Rezeption des Nibelungenliedes, der sich das Faktum der religiösen, sozialen und rassischen Diskriminierung immer wieder einschreibt. Das orthodoxe Judentum hat das Nibelungenlied nicht rezipiert, da diese Thematik innerhalb seiner von der Torah und dem Talmud geprägten Kultur keinen Ort besaß. Die neuzeitliche Beschäftigung von Juden mit dem Nibelungenlied setzt somit bereits die Distanzierung von ihrem traditionellen religiösen Selbstverständnis und ein assimilatorisches Bekenntnis zur deutschen Kultur voraus, das sich zugleich gegenüber deren diskriminatorischen Tendenzen rechtfertigen mußte.

Im Folgenden soll an ausgewählten Beispielen gezeigt werden, wie jüdische Autoren gegen eine nationalistische Vereinnahmung des Nibelungenliedes anschrieben und ihr Selbstverständnis ins Verhältnis zu diesem identitätsstiftenden Mythos setzten. Die jüdischen Deutungen stellten sich dabei bewußt abseits der philologischen wie populären Nibelungenrezeption, wobei sie kulturtheoretische Ansätze ausbilden, die weit über den ursprünglichen Gegenstand hinaus wirksam wurden. Im Wechselspiel der Rezeption zwischen Wissenschaft und Dichtung lassen sich dabei immer wieder konstante Bild- und Motivkomplexe erkennen.

2. Wider die germanische Restauration: Saul Ascher und Heinrich Heine

Wenn der jüdische Philosoph Saul Ascher im Jahre 1815 gegen das Nibelungenlied als nationales Kulturgut polemisiert, kann er sich selbstverständlich in die deutsche Geistesgeschichte stellen, die an den internationalen Diskursen der Aufklärung teil hatte. In der Schrift »Die Germanomanie« wendet sich Ascher gegen die völkische Ideologie, wie sie Fichtes »Reden an die deutsche Nation« propagierten. Als eigentlichen Grund der neuen Begeisterung für das Mittelalter sieht der rigorose Verfechter der Lehre Kants die Transformation der protestantisch geprägten Philosophie des Idealismus in eine mystisch-nationalistische Prophetie, die »ein deutsches Christentum oder eine christliche Deutschheit [...] zu gründen und zu verbreiten«[3] beabsichtigt. Der Verehrer Napoleons kritisiert die fixe Idee der Germanomanen, »alles Fremdartige von Deutschlands Boden entfernt [...] sehen«[4] zu wollen. Das Deutschtum sollte hier durch einen revolutionären Prozeß der gesellschaftlichen Homogenisierung hervorgebracht werden. Der Ausdifferenzierung des Volkslebens gegenüber dem internationalen kulturellen Austausch entspricht dabei eine Entdifferenzierung von Kultur und Religion innerhalb der neu definierten eigenen Wertsphäre. Während sich die äußere Abgrenzung vor allem gegen Frankreich richtet, mußte »in den Juden [...] ein Gegensatz« zu der konfessionellen Vereinheitlichung des nationalen Innenraums gesehen werden.[5]
Der Rückgriff auf die germanisch-deutsche Vergangenheit sollte nach Ascher diese reduktionistische Begründung der deutschen Identität legitimieren, indem »eine niedrige Bildungsstufe, worauf sich die Menschen vormals befanden«[6], idealisiert und zur kulturellen Norm gemacht wird. In diesem Zusammenhang sieht Ascher das Bestreben, »den Einfluß des Altertums auf uns zu entfernen [...], den Einfluß vorzüglich der Griechen,

deren ganzes Wesen so innig den Deutschen anspricht [...]. Es verlautet schon, daß das Lied der Nibelungen die Stelle der Ilias und Odyssee auf den Schulen vertreten soll [...]. Schade nur, daß Versuche der Art eben den Erfolg haben werden wie das Bestreben, die Meisterwerke eines Lessing, Schiller und Kotzebue durch die Alarkos und Ion etc. zu verdrängen!« [7] Ascher stellt die nationale Kulturpolitik von ihren eigenen Voraussetzungen her in Frage. So bekennt er sich zum Philhellenismus, den völkische Denker wie sein Kontrahent Friedrich Ludwig Jahn teilten. Anders als im Falle des homerischen Griechenlands werde die historische Distanz zur mittelalterlichen Kultur nicht durch eine Art kulturpsychologischer Affinität überbrückt. Das Nibelungenlied weist Ascher allerdings auch von einem Kanon der deutschen Literatur her zurück, der sich auf Autoren der Aufklärung und Klassik stützt. Da das Nibelungenlied keinen Platz im kollektiven Gedächtnis der Deutschen hat und auch nicht den Forderungen der zeitgenössischen Ästhetik genügt, sollte es sich als Bildungsgut nicht durchsetzen können.

Während das Denken Aschers in der Epoche der Aufklärung wurzelt, nahm der junge Heinrich Heine in weitaus stärkerem Maße Anregungen der nationalromantischen Bewegung auf, die sein Werk kritisch verarbeitet.[8] Obwohl sich der assimilierte Jude Heine intensiv mit der Geschichte des Judentums befaßte, suchte er gesellschaftliche Anerkennung in der Konversion zum Protestantismus. Die andauernde Erfahrung der gesellschaftlichen Diskriminierung führte allerdings dazu, daß er sein Judentum in verschiedenen literarischen Kontexten als kritische Kraft entdeckte, freilich ohne sich je einem Glaubensbekenntnis zu verpflichten.

Die Beschäftigung Heines mit dem Nibelungenlied, das er in seiner Auseinandersetzung mit der deutschen Kultur immer wieder anführt, reicht bis in seine beiden Bonner Studiensemester 1819/20 zurück. Heine hörte hier Vorlesungen August Wilhelm Schlegels, der seinem Publikum das Nibelungenlied als Zeugnis eines heroischen Zeitalters vorführte, dessen Menschengeschlecht nicht nur an Riesenkraft der Leiber, sondern an Größe der Gesinnungen den nachfolgenden weit überlegen war.[9] In seinen Vorlesungen über die »Geschichte der romantischen Literatur« behandelt A. W. Schlegel das Nibelungenlied als Beispiel der »deutschen Rittermythologie«, dessen Bedeutung mit Homers Ilias und Odyssee zu vergleichen sei. Dabei betont er die unterschiedlichen Rezeptionsbedingungen der griechischen und der deutschen Heldendichtung. Während die homerischen Epen bereits in der Antike zum pädagogischen und poetischen Grundtext wurden, erschließt sich die kulturelle Normativität des deutschen Epos nur noch einer Archäologie der nationalen Erinnerung. »Freilich steht Homer in verklärtem Licht da, als der Vater der gesamten griechischen Bildung [...]. Unsere mythische Vorwelt hingegen steht wie eine Felstrümmer da, die bei einem Erdbeben stehengeblieben, die spätere Geschichte ist durch eine Kluft davon getrennt.«[10] Aus Heines Bonner Zeit stammt auch die freundschaftliche Beziehung zu Karl Simrock, dessen Nachdichtungen der germanischen Heldensage ein Programm der nationalen Erweckung verfolgten und der auch eine vielgelesene Übersetzung des Nibelungenliedes vorlegte.[11]

Friedrich Steinmann hat in seinem Buch »H. Heine. Denkwürdigkeiten und Erlebnisse aus meinem Zusammenleben mit ihm« (1857) einen Text über »Das Nibelungenlied« publiziert, dessen Verfasserschaft nicht mit letzter Sicherheit Heine zugeschrieben werden kann, der aber viele zentrale Motive seiner Beschäftigung mit dieser Thematik enthält. So verbindet der kurze Text ein religions- und ein kunstkritisches Argument. Während Ascher das Nibelungenlied als eine Quelle des christlich-germanophilen Weltbildes anführt, zeigt Heine, daß die religiöse Vereinnahmung an dieser Dichtung scheitern muß, wobei er A. W. Schlegels mythologische Sicht aufgreift: »Neben dem Mythischen

und Wunderbaren herrschen christliche Ideen, jedoch treten sie im ganzen wenig hervor, und kann dieß als Basis gelten, daß Grund und Ursprung der Sage über die Zeiten des Christentums hinausreichen«.[12] Der Autor wendet sich hier wie dann in vielen späteren Texten gegen die Geltung des Christentums, die ihn aus der deutschen Kultur ausgrenzt. Dagegen sucht er die pagane Weltanschauung zu rehabilitieren und als ethische und ästhetische Norm zu etablieren. Wenn Heine das Nibelungenlied in der Nachfolge A. W. Schlegels zur deutschen Ilias macht, verleiht er der Poesie eine sozial integrative Funktion. Die geschichtsferne ästhetische Autonomie der Klassik wie die christliche Kunstreligion der Romantik werden dagegen zurückgewiesen. So scheidet Heine Goethes Idylle »Hermann und Dorothea« wie Klopstocks frommbegeisterten Hymnus »Der Messias« als Kandidaten für »das erste Epos Deutschlands« aus.[13] Der Schluß des Textes macht das Nibelungenlied zum Symbol, das Mythos, Dichtung und nationale Identität verbindet. Es sei »die heilige Eiche des deutschen Riesengottes, woraus er zu uns redet mit allgewaltiger Stimme: Es ist unsere Ilias.«
Dieser Dreiklang wird in Heines Werk immer wieder neu analysiert, variiert und instrumentiert. Der Autor weist den christlichen Spiritualismus zurück, der die empirische Welt im Namen der Transzendenz negiert, die Menschheit unter eine asketische Moral versklavt, die Philosophie in den Idealismus treibt und die Poesie in die Allegorik verflüchtigt. Die vorchristliche Wertsphäre des Mythos, die Heine in erster Linie mit der griechischen Antike, aber auch mit dem germanischen Heidentum und dem Judentum verbindet, steht dagegen für den Sensualismus ein, der das Recht der Sinnlichkeit gegen den Geist vertritt. Die Vertreibung der alten Götter ins Exil verknüpft Heine mit der Erfahrung der Heimatlosigkeit des Juden in der christlichen Welt. So entpuppt sich der »Der Apollo-Gott« im Gedicht als der abtrünnige Kantor und fragwürdige Poet Faibisch. Aber auch in der deutschen Sage spiegelt Heine das jü-

dische Elend. So erzählt er in »Elementargeister« von dem mythischen Volk der Zwerge, die von den Menschen vertrieben werden und den freien Abzug noch mit ihren Schätzen bezahlen müssen. Heine vergleicht das Flehen des Zwergenkönigs für sein Volk mit dem Rabbi Don Isaak Abarbanels vor Ferdinand von Argonien, als die Juden aus Spanien vertrieben wurden. Für Heine aber »ist nicht alles tot, was begraben ist«.[14] Die verdrängten Kultformen kehren wieder, wenn sich die gestauten Triebkräfte in revolutionären Bewegungen Bahn brechen. Die säkulare Moderne, wie sie die Französische Revolution auf den Weg brachte, sieht Heine als Renaissance der Antike und des Judentums.
Das germanische Altertum erscheint ihm dagegen eher als gefährliches Erbe, das atavistisch in der romantischen Weltanschauung fortlebt und sich auf eine terroristische Wiederkunft in Gestalt einer völkischen Revolution vorbereitet, wie sie am Ende von Heines »Geschichte der Religion und Philosophie in Deutschland« evoziert wird: »Das Christentum – und das ist sein schönstes Verdienst – hat jene brutale germanische Kampflust einigermaßen besänftigt, konnte sie jedoch nicht zerstören, und wenn einst der zähmende Talisman, das Kreuz, zerbricht, dann rasselt wieder empor die alte Wildheit der Kämpfer, die unsinnige Berserkerwut, wovon die nordischen Dichter so viel singen und sagen [...]. Die alten steinernen Götter erheben sich dann aus dem verschollenen Schutt und reiben sich den tausendjährigen Staub aus den Augen und Thor mit dem Riesenhammer springt endlich empor und zerschlägt die gotischen Dome.«[15] Der Stein verkörpert hier eine Form der kulturellen Erinnerung, die sich der historischen Zeit widersetzt und traditionell mit dem pharaonischen Ägypten verbunden wird.[16] Auch Heine verwendet den Topos der pyramidalen Gedächtniskultur, überträgt ihn aber ebenso auf andere archaische Zivilisationen. Das steinzeitliche Gedächtnis kann zur explosiven Kraft werden, wenn es mit kollektiven Gefühlen aufgeladen wird. Die seismologische Bildlich-

keit konnte Heine dabei in A. W. Schlegels Ausführungen über die deutsche Mythologie finden. Während der Romantiker Schlegel aber den katastrophischen Abbruch der germanischen Zivilisation betont, der nur noch eine historisierende Betrachtung ermöglicht, erkennt Heine die ungebrochene Faszinationskraft der deutschen Altertümer. Denn, wie er in »Die Nordsee« feststellt, »die Nationalerinnerungen liegen tiefer in der Menschen Brust, als man gewöhnlich glaubt. Man wage es nur, die alten Bilder wieder auszugraben, und über Nacht blüht hervor auch die alte Liebe mit ihren Blumen.«[17] Als ein solches Sediment der Volksseele beschreibt Heine in »Die romantische Schule« auch den Sagenkreis der Nibelungen, wobei er auf A. W. Schlegels Steinmetaphorik anspielt: »Da herrscht noch die ganze vorchristliche Denk- und Gefühlsweise [...], da stehen noch, wie Steinbilder die starren Kämpen des Nordens.«[18] Nach Heine erweist noch die poetische Stilisierung des Nibelungenliedes dem germanischen Altertum ihre Reverenz und berge unter der höfisch-christlichen Konvention vorzeitliche Artefakte, die immer wieder zum Gegenstand kultischer Verehrung werden können. »Es ist eine Sprache von Stein und die Verse sind gleichsam gereimte Quader. Hie und da, aus den Spalten quellen rote Blumen hervor, wie Blutstropfen.«[19] In diesem Zusammenhang greift Heine Schlegels Vorstellung der archaischen Monumentalität des Nibelungenliedes und seiner Figuren auf. Der heroische Weltzustand wird aber nicht als Hort einer erhabenen Sittlichkeit, sondern als unheimliches Gewaltszenario imaginiert. Die Riesenleidenschaften, die sich in diesem Gedicht bewegen vergleicht Heine mit einem bizarren steinernen Ballett, dessen Pathosformeln in ein Massaker ausarten. »Denkt euch [...] alle gotischen Dome von Europa hätten sich ein Rendevous gegeben auf einer ungeheuer weiten Ebene [...] und diese machten der schönen Notre-Dame de Paris ganz artig die Cour. Es wahr, [...] daß man über ihr verliebtes Wackeln manchmal lachen könnte. Aber dieses Lachen hätte doch ein Ende, sobald man sähe, wie sie in Wut geraten, wie sie sich untereinander würgen, wie Notre-Dame de Paris verzweiflungsvoll ihre beiden Steinarme gegen Himmel hebt und plötzlich ein Schwert ergreift und dem größten aller Dome das Haupt vom Rumpfe herunterschlägt [...]; kein Turm ist so hoch und kein Stein so hart wie der grimme Hagen und die rachgierige Kriemhilde.«

Für Heine geht das epische Gedächtnis aber nicht in der Zeitlosigkeit des Mythos auf, sondern spiegelt auch das historische Werden der Menschheit, das in Befreiungskämpfen und ihrem Scheitern literarisch bedeutend wird. Die Revolutionsgeschichte erscheint dabei in der mythischen Perspektive von Schicksal und Heldentum. In »Die Nordsee« heißt es: »Solche Beschreibung oder Prophezeiung des Untergangs einer Heldenwelt ist Grundton und Stoff der epischen Dichtungen aller Völker. Auf den Felsen von Ellore und anderer indischer Grottentempel steht solche epische Katastrophe eingegraben mit Riesenhieroglyphen [...]; der Norden hat in nicht minder steinernen Worten, in seiner Edda, diesen Götteruntergang ausgesprochen; das Nibelungenlied besingt dasselbe tragische Verderben.«[20] Dagegen beklagt Heine, daß dem zeitgenössischen Deutschland die mythopoetische Inspiration ermangele und so kein Nibelungenlied der Napoleonischen Zeit entstanden sei. Das nachrevolutionäre Deutschland werfe keinen Schatten kultureller Identität. »Wir Deutschen sind doch wahre Peter Schlemihle! Wir haben auch in der letzten Zeit viel gesehen viel ertragen [...] und dennoch [...] hat unsere Literatur kein einziges solcher Denkmäler des Ruhms gewonnen, wie sie bei unseren Nachbarn, gleich ewigen Trophäen, gleich ewigen Trophäen, täglich emporsteigen.«[21]

Der späte Heine hat der Niederwerfung des ungarischen Aufstands unter dem lapidaren Titel »Im Oktober 1849« ein solches literarisches Epitaph gewidmet. Während die Deutschen ihre nachmärzliche Gemütlichkeit zwischen Weihnachtsbäumen und Goethefeiern begehen, sprechen die osteuropäischen Revolutionsbewegungen im lyrischen Ich die Tiefenschicht der deutschen Sage an, wie sie im Nibelungenlied Gestalt gewinnt:

> Wenn ich den Namen Ungarn hör,
> Wird mir das deutsche Wams zu enge,
> Es braust darunter wie ein Meer,
> Mir ist, als grüßten mich Trompetenklänge
>
> Es klirrt mir wieder im Gemüt,
> Die Heldensage längst verklungen,
> Das eisern wilde Kämpenlied –
> Das Lied vom Untergang der Nibelungen.
>
> Es ist dasselbe Schicksal auch –
> Wie stolz und frei die Fahnen fliegen,
> Es muß der Held, nach altem Brauch,
> Den tierisch rohen Mächten unterliegen.

Die Nibelungensage tritt hier aus dem monumentalen Diskurs heraus und entfaltet im musikalischen Medium ihr revolutionäres Potential. Die Kämpen starren nicht in Stein, sondern blasen die Fanfaren eines humanistischen Heldentums. Das erinnerte Nibelungenlied überbietet als vorweggenommene Totenklage der Revolution die Zukunftsmusik Franz Liszts, der seine politische Ikonisierung praktisch nicht beglaubigte: »es fiel der Freiheit letzte Schanz/Und Ungarn blutet sich zu Tode-/Doch unversehrt blieb Ritter Franz,/Sein Säbel auch – er liegt in der Kommode«. Wenn Heines Kritik der Wirkung des Nibelungenliedes den Gegensatz einer Stein- und einer Klangmetaphorik aufbaut, nimmt er die beiden wesentlichen Aspekte der Nibelungenrezeption im späten 19. Jahrhundert vorweg. Die Germanistik grub sich in das Bergwerk des Textes und suchte nach seinen frühsten archäologischen Konfigurationen. Richard Wagner nahm den »Nibelungen-Mythus« dagegen zum Vorwurf des musikalisch-dramatisch avanciertesten

Projektes der Zeit, dessen immenser Einfluß auf die jüdische Moderne den Rahmen dieser Betrachtung sprengen würde.
Während Saul Ascher die Nibelungenrezeption und ihre ideologischen Implikationen noch aus der Perspektive des Aufklärers und Klassizisten attackiert, läßt sich Heine auf die nationalromantische Bilderwelt ein, um sie kritisch und poetisch zu transformieren. Die literarischen Verfahrensweisen Heines reichen dabei von der symbolischen Verdichtung bis zur parodistischen Distanzierung. Die Travestie der Sage kann die Gewaltpotentiale der kollektiven Mythen in aufrüttelnder Weise evident machen, in ironischer Spiegelung entkräften und durch eine universalistische Vision überbieten.

3. Vom Volksgeist zum Übermenschen: Heymann Steinthal und Samuel Singer

Die Geburt der Germanistik als methodisch kontrollierte Fachwissenschaft vollzog sich durch die Übertragung der altphilologischen Verfahren auf die deutsche Literatur, an der jüdische Gelehrte wie Jacob und Michael Bernays wichtigen Anteil nahmen. Die moderne Germanistik machte Karl Lachmanns Analyse des Nibelungenliedes, die den überlieferten Text in zwanzig ursprüngliche Gedichte zerlegte, zu ihrem Grundwerk. Im sogenannten »Nibelungenstreit« um das wissenschaftliche Erbe Lachmanns emanzipierte sich die Neugermanistik als eigene Disziplin, die sich auf die Goethe-Forschung gründete.[22] Im Folgenden sollen zwei jüdische Positionen herausgestellt werden, die sich abseits von den Hauptrichtungen der Germanistik stellen und dabei zeittypische Betrachtungsweisen in charakteristischer Weise adaptieren.
Der Sprachwissenschaftler und Philosoph Heymann Steinthal behandelt in seinem Aufsatz »Das Epos« die homerische Dichtung und das Nibelungenlied, die er in romantischer Tradition als Produkt der kollektiven

Phantasie des Volkes ansieht und in den Zusammenhang vielfältiger mythischer Überlieferungen einbettet. Steinthal begründete eine Völkerpsychologie, die strikt interdisziplinär verfährt und von den Fachvertretern stark angefeindet wurde. Der assimilierte Glaubensjude war dabei immer wieder auch religiösen und rassistischen Denunziationen ausgesetzt. So ist Steinthal für den berühmten Altgermanisten Karl Müllenhoff »ein Judenjunge, der die Forschung nur vom Hörensagen kennt«.[23]
Die deutsch-jüdische Perspektive Steinthals wird deutlich, wenn er den Begriff *Volk* definiert als »dasjenige Bewußtsein einer Gemeinde (oder geistig gleichartigen Vielheit von Menschen), welches noch vor der Cultur oder wenigstens außerhalb derselben liegt«.[24] Das Judentum versteht sich nämlich als Gemeinschaft, die nicht primär biologisch oder kulturell, sondern religiös bestimmt ist und so eine Vielzahl ethnischer Zugehörigkeiten umfassen kann. In dieser Weise beschreibt auch Steinthal die vorzivilisatorische Lebensform, in der das Epos gründet, als kultisch bestimmt und vergleicht die Volksdichtung mit den »religiösen Liturgien«.[25]
Die poetische Produktion der Völker stuft Müllenhoff nach ihrer strukturellen Komplexität ein, wobei er das Nibelungenlied und die Ilias zur höchsten Entwicklungsstufe rechnet. Die griechische und germanische Epik hätten organische Kontexte ausgebildet und so die Formen der Einzellieder und ihrer bloßen Reihung überstiegen. Die Vorstellung einer geistigen Suprematie des Deutschen, die sich auch historisch-politisch ausdrückt, zeigt sich in Steinthals Vergleich des Nibelungenliedes mit dem serbischen Epos »Die Hochzeit des Maxim«. Trotz der überraschenden Ähnlichkeit beider Dichtungen wird den Serben »die Richtung des epischen Geistes auf Ausbildung eines großen epischen Zusammenhangs« abgesprochen, »weil ihr Mythos und ihre Sage schwerlich jemals so reich entwickelt war wie Mythos und Sage unter den Deutschen und außer-

dem noch, weil sie niemals eine so weltbeherrschende Stellung einnahmen«.[26] Wie viele Germanisten seiner Zeit liest Steinthal hier die preußisch-deutschen Großmachtansprüche in die mittelalterliche Überlieferung hinein. Gleichwohl handelt es sich hier nicht einfach um eine nationalistische Instrumentalisierung des Nibelungenliedes, zumal Steinthal ähnliche Thesen über das Verhältnis der französischen zur spanischen Epik aufstellt. Vielmehr wird die Perspektive des kulturell assimilierten, aber religiös gläubigen Juden deutlich. So sieht Steinthal das Epos als Deutung der nationalen Geschichte im Sinne universalistischer ethischer Prinzipien an, die eine Identifikation über konfessionelle Grenzen hinaus ermöglichen. Poetisch ist allein der seelisch kämpfende oder duldende, der sittlich ringende Mensch.[27] Diese integrative Sicht der Volksdichtung bestimmt auch Steinthals Kritik der literarischen Analyse des Nibelungenliedes, wie sie die Lachmann-Schule betrieb. Das Werk lasse sich nicht auf kanonische Urformen zurückführen, indem es von späteren Zusätzen gereinigt wird. Vielmehr entstehe das Epos in immer neuen regionalen und sprachlichen Varietäten, die ein differenziertes kollektives Selbstverständnis artikulieren, das zugleich eine unbewußte Einheit bildet. Während Steinthal das Nibelungenlied als poetischen Ausdruck einer im Kult verwurzelten traditionalen Gemeinschaft sieht, nimmt der Berner Ordinarius Samuel Singer das Werk als Ausdruck eines radikalen Individualismus. Wenn Steinthal das deutsche Heldenlied den Formen jüdischer Religiosität annähert, grenzt es Singer unter Bezugnahme auf die Religionskritik Nietzsches vom kulturellen Konsens des Christentums ab. Das Phänomen des jüdischen Nietzscheanismus knüpft sich daran, daß der Philosoph das Alte Testament und das moderne Judentum als Träger einer lebensbejahenden Weltanschauung überaus positiv bewertet.[28] In seinem Vortrag »Mittelalter und Renaissance« (1910) stellt Singer das gängige Epochenschema in Frage. Die beiden Begriffe bezeichnen für ihn gegensätzliche Geisteshaltungen, die in der gesamten abendländischen Geschichte auszuweisen sind. Das eine Menschenbild richtet sich an einer höheren religiösen oder sozialen Ordnung aus, während sich das andere autonom versteht. So stellt Singer dem religiösen Ideal der Heiligkeit, das von der Geistlichkeit ausgeht, und der ästhetischen Norm des Maßes, die das höfische Leben bestimmt, den Typus des freien Geistes entgegen. »Im Altertum wird dieser Typus durch den Philosophen repräsentiert, im Mittelalter durch den Helden.«[29] Die Lektüre des Nibelungenliedes mache diese Weltsicht noch heute erfahrbar, gerade weil es sich dem ästhetischen Kanon entzieht. »Wenn uns [...] dieses verpfuschte Epos mit magischer Gewalt anzieht wie kaum ein Homer [...] – so sind daran die überlebensgroßen Gestalten schuld, die uns [...] das Ideal der inneren Freiheit vor die Seele führen. Wer so zu scherzen und zu sterben versteht wie Siegfried, der ist der inneren Freiheit voll: ein gewaltiger Kraftüberschuß wirft das eigene Leben spielend hin und her. In bewußterer Weise, seiner höheren Intelligenz entsprechend, zeigt uns denselben Typus sein großer Gegner Hagen [...]. Er ist eine Herrennatur, ein Renaissancemensch, [...] dem gegenüber jedes moralische Urteil verstummt.«[30] Singer greift hier A. W. Schlegels Vorstellung der übermenschlichen Figuren des Nibelungenliedes auf. Während Heine die archaische Monstrosität dieses Nibelungenbildes der modernen Individualität entgegensetzt, rezipiert es Singer im Licht des neuromantischen Vitalismus der Jahrhundertwende als emanzipatorisches Programm.

Heine wie Steinthal versuchen in der Heldendichtung ein universalistisches Ethos auszumachen, das ihren weltliterarischen Rang begründet. Wenn Heine dabei das Nibelungenlied noch in einer revolutionär demokratischen Perspektive wahrnimmt, spiegeln die Deutungen Steinthals und Singers teilweise das imperialistische Weltbild des späten 19. Jahrhunderts wider. Während Steinthal die an das Nibelungenlied herangetragenen politischen Führungsansprüche noch mit einer äußerst problematischen kulturellen Mission zu rechtfertigen sucht, liest Singer die Dichtung als Verherrlichung des reinen Machiavellismus, wie ihn die Figur Hagens gestalten soll. An der ahistorischen Interpretation Singers wirkt besonders bestürzend, wie ein jüdischer Germanist die mittelalterliche Dichtung auf die darwinistisch-nietzscheanischen Ideen des Herrenmenschentums auslegt, die von der faschistischen Ideologie ins Politische übertragen wurden und zur Begründung des Genozids an den Juden dienten.

4. Die Nibelungen als Ornament der Masse: Fritz Lang, Siegfried Kracauer und Lotte Eisner

Während die Auseinandersetzung mit dem Nibelungenlied zunächst ein gelehrt-literarischer Diskurs war, der in die bildende Kunst und Musik hineinwirkte, gewinnt für die Nibelungenrezeption des 20. Jahrhunderts die Präsenz des Themas in den Massenmedien immer größere Bedeutung. Im Folgenden soll daher noch ein Blick auf die filmische Rezeption des Nibelungenliedes aus deutsch-jüdischer Perspektive geworfen werden. Die Leinwand eröffnete der ästhetischen Inszenierung und Reflexion des Mythos, aber auch der ideologischen Projektion und Indoktrination ungeahnte Möglichkeiten. Die multimediale Darstellung des Nibelungen-Mythos in den Zwanziger Jahren versuchte, das Trauma des verlorenen Weltkrieges zu verarbeiten und das kollektive Überlegenheitsgefühl des imperialen Deutschlands zu retten.[31] Der Analyse dieses Zusammenhangs widmeten sich zwei jüdische Filmkritiker aus der Rückschau des Exils: Siegfried Kracauer in »Von Caligari zu Hitler. Eine psychologische Geschichte des deutschen Films« und Lotte H. Eisner in »Die dämonische Leinwand«. Während Lotte Eisners Buch ihre Vertreibung aus der deutschen Kultur beklagt, die im expressionistischen Film zur internationalen Modernität aufgeschlossen habe, entziffert Kracauer die Kinohistorie als Bilderbogen einer totalitären deutschen Mentalität, die im Nationalsozialismus politische Gestalt annahm.

Als wichtiges Beispiel ziehen beide Untersuchungen Fritz Langs zweiteiliges Filmwerk »Die Nibelungen« (1923/24) heran, das international Furore machte.[32] Das Drehbuch Thea von Harbous setzt gegen das musikalische Welttheater in Wagners »Der Ring des Nibelungen« auf den erzählerischen Plot des Nibelungenliedes, den die Verfilmung in strengen Bildkompositionen, aber auch in mythisch überhöhter Symbolik umsetzt. Der Rekurs auf das Ursprüngliche zielte dabei auf den Anspruch kultureller Normativität und sogar Hegemonie. Kracauer hebt hier auf die Äußerung des Regisseurs im Programmheft zu »Die Nibelungen« ab, er habe versucht, »etwas betont Nationales zu schaffen, das wie das Nibelungenlied als wahres Zeugnis des deutschen Geistes Geltung hätte«.[33] Der Fall Fritz Langs zeigt in extremer Weise, wie ein Teil des deutschen Judentums seine gesellschaftliche Marginalisierung durch den Anschluß an die nationalkonservative Ideologie kompensieren wollte. Diese Konstruktion einer kollektiven Zugehörigkeit, die sich durch kulturelle und soziale Leistungen zu legitimieren suchte, wurde allerdings bereits durch die rassistische Ausgrenzung unterlaufen. Im Exil hat sich Lang von der nationalen Weltanschauung distanziert und sich die Formen des amerikanischen Kinos erschlosssen. Nach dem Krieg kehrte er nach Deutschland zurück und versuchte, einige Fäden seines Filmschaffens aus der Weimarer Zeit wieder aufzugreifen, wobei er aber seine früheren Erfolge nicht mehr erreichen konnte. Gleichwohl wurde der »deutsche« Lang inzwischen von der cineastischen Avantgarde als Ikone entdeckt.

Interessanterweise begegnen in den Interpretationen Kracauers und Eisners viele Motive aus der früheren jüdischen Nibelungenrezeption. So greift Kracauer die romantische Vorstellung eines heidnischen Substrats des Nibelungenliedes auf und verknüpft sie mit der nietzscheanischen Deutung Hagens, dessen Verhalten er »von einer nihilistischen Lust auf Macht motiviert«[34] sieht. Die moderne Variante des gegen alle gesellschaftlichen Normen revoltierenden Verbrechergenies hatte Fritz Lang bereits in »Dr. Mabuse, der Spieler« (1922) auf die Leinwand gebracht. Die paganistische Glorifizierung des Übermenschen und Antichristen, wie sie Samuel Singer vor dem ersten Weltkrieg betrieb, wird bei Kracauer angesichts ihrer inhumanen historischen Konsequenzen allerdings mit einem negativen Vorzeichen versehen. »Diese Filmfigur, auf die schon der Schatten eines allzu bekannten Schlages von Nazi-Führern fällt, erhöht die mythische Kompaktheit der Nibelungenwelt- eine Kompaktheit, die der Aufklärung oder christlicher Wahrheit unzugänglich bleibt. Der Dom zu Worms, der in Siegfrieds Tod ziemlich häufig eingeblendet wird, bleibt bedeutungslose Folie.« Als zentrale mythische Kategorie des Nibelungenfilms sieht Kracauer den antiken Schicksalsbegriff an, der schon für Heine die literarische Struktur des Epos bestimmte. Kracauer sieht in diesem Fatalismus die psychologische Signatur des Films der Zwanziger Jahre und der deutschen Mentalität dieser Zeit im Allgemeinen. Allerdings erscheint ihm diese Haltung nicht als Voraussetzung eines revolutionären Heldentums, sondern im Gegenteil als Disposition zur totalitären Unterwerfung. Die Entmündigung des Einzelnen unter der Macht des Schicksals und der von diesem bestimmten Führer soll in Langs Ästhetik der »Nibelungen« durch eine ornamentale Anordnung der Masse zum Ausdruck kommen, welche die nationalsozialistischen Aufmärsche vorwegnehme. Die filmische Umsetzung dieser Idee beschreibt Kracauer als Petrifizierung des Menschenbildes, wobei Heines Deutung des germanischen Mythos anklingt. »Besonders ins Auge springt das Bild der angeketteten Zwerge, die der Riesenurne, die Alberichs Schätze enthält, als dekorativer Sockel dienen. Verflucht von ihrem Herrn, verwandeln die versklavten Kreaturen sich in steinerne Figuren. So triumphiert das

Ornamentale über das Menschliche auf der ganzen Linie.«[35]

Erst Lotte Eisner erkennt aber den filmischen Umschlag der sozialen Versteinerung in eine tödliche Dynamisierung, wobei sie sich direkt auf Heine bezieht. »Im zweiten Teil der ›Nibelungen‹ [...] wird ein völliger Stilwandel offenbar. ›Kriemhilds Rache‹ ist weit weniger statisch [...]. Die epische Schwere von ›Siegfrieds Tod‹, sein langsamer Rhythmus, [...] sind einem prestissimo, einem jähen crescendo gewichen, das die am Mord Siegfrieds Beteiligten in ihr Verhängnis reißt. Dieser neue Rhythmus löst die Starre der Gruppenbildung auf [...]. Je mehr man sich von Worms entfernt, umso stärker verliert sich das gefrorene Monumentale, es wird vermenschlicht: Hagen sitzt auf der Zugbrücke, er hat nichts feierlich Statuenhaftes mehr, baumelt lässig die Beine, als ironisch lächelnder Zuschauer sieht er Kriemhilds Abreise nach Hunnenland. Die »steinernen Türme«, von denen Heine sprach, haben, wenn sie übereinander herfallen, ihre Schwerfälligkeit verloren, und die Helden erscheinen in ihrem Todeskampf weniger voller Pathos als damals, wo sie an den Kriegern vorbei im feierlichen Zug dem Dom zuschritten.«[36]

Während Kracauer allein die totalitäre Monumentalisierung der deutschen Kultur als *self-fulfilling prophecy* aus dem Nibelungenthema herausliest, entdeckt Lotte Eisner in der inszenierten Selbstvernichtung des Heldentums die Möglichkeit einer ästhetischen Distanzierung. Wie Heines Gedicht »Im Oktober 1849« verbinden sich dabei Musikalisierung und Ironisierung der epischen Tragik, um ihre gewalttätige Pathetik abzubauen.

Die Auseinandersetzung Kracauers und Eisners mit der Nibelungenrezeption setzt eine deutsch-jüdische Tradition fort, die sich der Instrumentalisierung des Mythos als kollektives Symbol verweigerte. Da den jüdischen Rezipienten die Identifikation mit der deutschen Kultur, wie sie sich im Nibelungenmythos spiegelte, nicht fraglos zugestanden wurde, bildeten sie alternative und sogar ikonoklastische Zugänge aus. So wird die revolutionäre Dynamik der Neuzeit gegen die Restauration des Mittelalters gesetzt. Die Weltimmanenz der vorchristlichen Zivilisation wird gegen den christlichen Erlösungsglauben betont. Gleichwohl wird die zivilisatorische Entwicklung gegen einen statischen Archaismus stark gemacht. Das Epos wird auf universalistische ethische Prinzipien hin gelesen und so dem Ethnizismus entzogen, der naturhafte Volksbegriff durch den der geistigen Gemeinschaft ersetzt. Die Selbstermächtigung des Individuums wird in der mittelalterlichen Gesellschaft entdeckt, aber auch in ihrer modernen Selbstüberhebung kritisiert. Die Nachwirkung der mythischen Imagination in den modernen Medien wird auf ihre politischen Gefahren hin analysiert und durch eine bewußte Ästhetisierung gebrochen. Von diesen vielfältigen deutsch-jüdischen Konzepten sollte auch eine gegenwärtige Debatte um die nationale Symbolik profitieren.

---

[1] Vgl. Otfrid Ehrismann, Das Nibelungenlied in Deutschland, München 1975 sowie ders., Nibelungenlied 1755-1920: Regesten und Kommentare zu Forschung und Rezeption, Gießen 1986; Klaus von See, »Das Nibelungenlied – Ein Nationalepos?«, in: Joachim Heinzle/Anneliese Waldtschmidt (Hrsg.), Die Nibelungen. Ein deutscher Wahn, ein deutscher Alptraum. Studien und Dokumente zur Rezeption des Nibelungenstoffs im 19. und 20. Jahrhundert, Frankfurt a.M. 1991, S. 43-110.

[2] Vgl. Rainer Erb/Werner Bergmann, Die Nachtseite der Judenemanzipation. Der Widerstand gegen die Integration der Juden in Deutschland 1780-1860, Berlin 1989.

[3] Saul Ascher, Die Germanomanie. Skizze zu einem Geschichtsgemälde, Berlin 1815, zitiert nach: ders., Vier Flugschriften, Berlin/Weimar 1991, S. 199.

4 Ebd., S. 201.
5 Ebd., S. 199. Vgl. Paul Lawrence Rose, Revolutionary Antisemitism in Germany from Kant to Wagner, Princeton 1990, S. 117-132.
6 Ebd., S. 215.
7 Ebd., S. 216.
8 Vgl. Jürgen Voigt, Ritter, Harlekin und Henker. Der junge Heine als romantischer Patriot und Jude, Frankfurt a.M./Bern 1982.
9 August Wilhelm Schlegel, Kritische Schriften und Briefe, hrsg. v. Edgar Lohner, Bd. 4, Stuttgart 1965, S. 109.
10 Ebd., S. 110.
11 Die nationale Programmatik Simrocks zeigt: Joachim Heinzle, »diese reinen kräftigen Töne. Zu Karl Simrocks Übersetzung des Nibelungenliedes«, in: J.Heinzle/A.Waldschmidt, Die Nibelungen, S. 111-118.
12 Heinrich Heine, Sämtliche Schriften, Bd. 7, S. 707.
13 Ebd., S. 708.
14 H. Heine, Sämtliche Schriften, Bd. 3, S. 645.
15 Ebd., S. 639.
16 Vgl. Jan Assmann, Stein und Zeit. Mensch und Gesellschaft im Alten Ägypten, München 1991, S. 17-31.
17 H. Heine, Sämtliche Schriften, Bd. 2, S. 236.
18 H. Heine, Sämtliche Schriften, Bd. 3, S. 365.
19 Ebd., S. 455.
20 H. Heine, Sämtliche Schriften, Bd. 2, S. 239.
21 Ebd., S. 240.
22 Vgl. Rainer Kolk, Berlin oder Leipzig? Eine Studie zur sozialen Organisation der Germanistik im »Nibelungenstreit«, Tübingen 1990.
23 Brief an Wilhelm Scherer vom 22.5.1867, zitiert nach O. Ehrismann, Das Nibelungenlied in Deutschland, S. 150.
24 Heymann Steinthal, Das Epos, Zeitschrift für Völkerpsychologie 5, 1868, S. 3.
25 H. Steinthal, Das Epos, S. 5.
26 Ebd., S. 20f.
27 Ebd., S. 32.

[28] Vgl. Werner Stegmaier/Daniel Krochmalnik (Hrsg.), Jüdischer Nietzscheanismus, Berlin/New York 1997.
[29] Samuel Singer, Mittelalter und Renaissance/Die Wiedergeburt des Epos und die Entstehung des neueren Romans. Zwei Akademische Vorträge, Tübingen 1910, S. 24.
[30] Ebd., S. 24f.
[31] Vgl. Herfried Münkler/Wolfgang Storch, Siegfrieden. Politik mit einem deutschen Mythos, Berlin 1988.
[32] Vgl. David J. Levin, Richard Wagner, Fritz Lang and the Nibelungen: The Dramaturgy of Disavowal, Princeton 1998.
[33] Siegfried Kracauer, Von Caligari zu Hitler. Eine psychologische Geschichte des deutschen Films (1946), Frankfurt a.M. 1984, S. 100.
[34] Ebd., S. 102.
[35] Ebd., S. 103.
[36] Lotte Eisner, Die dämonische Leinwand (1955), Frankfurt a.M. 1987, S. 163.

/ VI. Christentum und »Deutsche Mythologie« in Richard Wagners »Parsifal«

1. »Parzival«: Von Wolfram zu Wagner

Die große Bedeutung des Dichters Wolfram von Eschenbach im späteren Mittelalter zeigte sich darin, daß sein Werk viele Nachahmer fand und seine Person zum Mythos wurde. Dieser Kanonisierung Wolframs zum Meister und Heiligen der Dichtkunst steht die völlige Vergessenheit gegenüber, der sein Werk in der Neuzeit verfiel. Bodmers Bearbeitung der Wolframschen Dichtungen in Hexametern wurde nicht beachtet. Als der Herausgeber des Nibelungenliedes, C. H. Myller, Friedrich dem Großen seine Ausgabe des »Parzival« übersandte, teilte ihm dieser mit, er solle ihn mit solchem Zeug verschont lassen. Diese Abweisung entsprach dem aufgeklärten Geschmack des Königs, der in seiner Schrift »De la littérature allemande« den französischen Klassizismus zum Maßstab machte. Andererseits zeigt die umfangreiche »Parzival«-Dichtung von Friedrich de la Motte Fouqué, wie stark das mittelalterliche Epos die Berliner Frühromantik faszinieren konnte.[1] Der entscheidende Anstoß für die Parzival-Rezeption des 19. Jahrhunderts ging aber von der entstehenden Germanistik aus, die nach den historischen Quellen der deutschen Dichtung fragte. Die kritische Ausgabe der Werke Wolframs durch Karl Lachmann gehört zu den grundlegenden Leistungen der deutschen Philologie. Die neuhochdeutschen Übersetzungen von Karl Simrock und Albert Schulz, der unter dem Pseudonym San-Marte veröffentlichte, begeisterten ein breiteres bildungsbürgerliches Publikum für den mittelalterlichen Klassiker. In Simrocks Ausgabe wurde Wolframs »Parzival« auch für Wagner zum Ausgangspunkt seiner Beschäftigung mit dieser Thematik. Die Kommentare, die Simrock und San-Marte ihren Übersetzungen beigaben, unterscheiden sich dabei in ihrer ausschweifenden wie spekulativen Tendenz von der exakten historischen Philologie der Lachmann-Schule und bezeugen eine romantische Germanistik, die sich an die Werke Jakob Grimms knüpfte. Dabei suchte Karl Simrock auch in Wolframs »Parzival« die Spuren der germanischen Religion. Die Beschäftigung Wagners mit dem Parzival-Stoff steht ebenfalls im Bann der »Deutschen Mythologie« Grimms und ihrer Fortschreibung durch Simrock. Seiner Autobiographie nach zog Wagner aus Grimms Werk geradezu ein Weltbild: »Die dürftigste Überlieferung sprach urheimatlich zu mir, und bald war mein ganzes Empfindungswesen von Vorstellungen eingenommen, welche sich immer deutlicher in mir zur Ahnung des Wiedergewinnes eines längst verlorenen und stets wieder gesuchten Bewußtseins gestalteten«.[2] Diese Faszination durch den Mythos, die sich aus der Spannung zwischen historischer Distanz und emotionaler Identifikation ergibt, kennzeichnet auch Wagners erste Lektüre des »Parzival« im Jahre 1844, wenn er von dem »fremdartigen und doch so innig traulichen Gedicht Wolframs«[3] spricht. Das im Jahre 1882 uraufgeführte Bühnenweihfestspiel »Parsifal« hat also eine lange Vorgeschichte im Werk Wagners, wobei der Komponist immer wieder zwischen seiner starken Affinität zu diesem Stoff und der Schwierigkeit schwankte, ihn im Sinne des eigenen Künstlertums zu gestalten. In »Mein Leben« erzählt Wagner, daß er bereits 1857 das Drama skizziert habe. Auf Anregung Ludwigs II. verfaßte er 1865 einen Prosa-Entwurf, dem 1877 ein zweiter Versuch folgt. Die Entstehungsgeschichte des »Parsifal« spiegelt zugleich die gesamte Entwicklung der Wagnerschen Weltanschauung, die er neben seinem Bühnenwerk in zahlreichen Schriften entfaltet. Durch diese Anreicherung mit neuen Sinndimensionen löst sich Wagner immer weiter von der literarischen Vorlage Wolframs und rückt ihre Figuren in die Geistesgeschichte des 19. Jahrhunderts.

2. Karfreitagszauber: Mythen der Regeneration in Wagners »Parsifal«

Während in Wolframs »Parzival« das weltliche Wertesystem der höfische Dichtung vorherrscht, vollzieht sich im 19. Jahrhundert eine Resakralisierung des Stoffes, an der Wagner entscheidenden Anteil hat.[4] An der Parzival-Thematik interessierte Wagner vor allem die Idee des Grals, die er in mythische Zusammenhänge stellt. Anders als Wolfram folgt Wagner der Tradition, daß der Gral das Gefäß ist, aus dem Jesus beim letzten Abendmahl seinen Jüngern den Wein darbot und in dem auch das Blut des Gekreuzigten aufgefangen wurde. Diese christologische Deutung fand er in San-Martes Kommentar. Das Werk Wolframs selbst kritisiert Wagner heftig. So schreibt er in einem Brief an Mathilde Wesendonck vom 30. Mai 1859, Wolfram habe es sich mit dem Stoff zu leicht gemacht, da er dessen eigentlichen religiösen Inhalt nicht verstanden habe. »Er hängt Begebnis an Begebnis, Abenteuer an Abenteuer, gibt mit dem Gralsmotiv kuriose und seltsame Vorgänge, tappt herum und läßt dem ernst Gewordenen die Frage, was er denn eigentlich wolle? Worauf er anworten muß, ja das weiß ich eigentlich selbst nicht.«[5] Wagner liest die Gralsüberlieferung weniger auf ihre literarische Form und narrativen Möglichkeiten als auf ihr kultisches Substrat hin, wobei er sich auf die »Deutsche Mythologie« Jakob Grimms und Karl Simrocks bezieht. Auf diese Weise ergeben sich zahlreiche Entsprechungen zu Wagners Gestaltung der nordischen Sagen in »Der Ring des Nibelungen«.
Im Stück berichtet Gurnemanz, daß der Gral zusammen mit der Kreuzeslanze dem frommen Ritter Titurel

in Obhut gegeben wurde, um sie vor den Feinden des Glaubens zu schützen. Wenn es heißt: »dem Heiltum, baute er ein Heiligtum« (V.174) verweist diese Terminologie auf die deutsche Mythologie. Während das Christentum sich das Göttliche als transzendente Größe vorstellt, wird es in der germanischen Stammesreligion als außeralltägliche Steigerung materieller Güter gesehen. Dabei gelten bestimmte Personen und Gegenstände als von Heil erfüllt, worunter Fruchtbarkeit, körperliche Kraft und Erfolg verstanden wurden.[6] In dieser Weise macht auch der Gral die göttliche Mächtigkeit zugänglich, wenn er am Karfreitag Brot und Wein in wunderbarer Weise verwandelt und den Rittern dadurch »heil'ge Wunderkräfte« (V.180) verleiht. So ordnet Jakob Grimm Gral und Speer unter die »wünscheldinge« ein, als »göttern zuständige aber auch Menschen verliehene Sachen, von denen eine fülle glückes und heiles abhängt«.[7] Der Gral rückt so in die Nähe des »Tischlein deck dich« aus dem deutschen Volksmärchen. »Ein wunderbecher war aber auch [...] der berühmte Gral [...] nährend und heilkräftig, den die romanische sage mit christlicher verband, wie des Longinus speer und die blutende lanze an einen heidnischen wunschspeer mahnt«.[8] Auf ähnliche Weise verleihen in Wagners »Ring des Nibelungen« die Äpfel der Göttin Freia ewige Jugend, während Wotans Speer die heilige Weltordnung repräsentiert. In der ersten Gralsszene des »Parsifal« wird die sakramentale Wandlung als vegetarisches Sättigungsmahl beschrieben. Der Gesang der Gralsritter immanentisiert die Einsetzungsworte des Abendmahls: »Nehmet vom Brod, wandelt es kühn in Leibes Kraft und Stärke [...] Nehmet vom Wein, wandelt ihn neu zu Lebens feurigem Blute.« Die Vorstellungen der deutschen Mythologie werden verwendet, um die heilige Handlung innerhalb des naturalistischen Weltbildes des 19. Jahrhunderts plausibel zu machen.[9] Den Historismus der »Deutschen Mythologie«, die verschiedene religiöse Traditionen der Vergangenheit rekonstruiert und synkretisiert, inszenieren die sakralen

Bauprojekte in Wagners Werk, die immer schon auf eine »Götterdämmerung« verweisen. In »Das Rheingold« errichtet Wotan die Burg Walhall, um die Götter dort zu versammeln und ihre Macht in der Welt zur Geltung zu bringen. Das Eingehen des mythisch Heiligen in die Geschichte führt aber zu seiner Korruption. So führt Wotans betrügerische Vertragspolitik zum Verlust Freias und riskiert das Ende der Götter. In »Parsifal« nimmt das christliche Heiligtum des Gralstempels die archaischen Heiltümer in sich auf und schöpft aus ihren mythischen Kräften. Das Stück zeigt aber das kultisch-magische Bewußtsein, in dem das numinose Heil eine objektive Gegebenheit ist, bereits in seiner Krise. Der religiöse Kosmos basiert nicht mehr auf der selbstverständlichen Präsenz des Heiligen, sondern erscheint als Ort der Bedrohung und des Kampfes, der Versuchung und Schuld, der Trauer und des Zweifels. Die außerweltliche Stellung des Heiligen wird durch seine Militarisierung im Glaubenskampf gefährdet.

Den Zauberer Klingsor baut Wagner zum Gegenspieler der Gralsgemeinschaft auf. Klingsor zerstört die mythische Weltordnung, indem er einen radikalen Dualismus entwirft. So schreckt er in seinem Ehrgeiz, zum Heiligen zu werden, nicht davor zurück, sich selbst zu verstümmeln. Klingsor wird aber von der Gralsgemeinschaft zurückgewiesen. Der absolute Moralist mutiert nun zum radikal Bösen, der das Gottesreich vernichten will. In seinem Zauberschloß sucht er, die Gralsritter sexuell zu verführen und zu korrumpieren. Auch Amfortas, Titurels Sohn, der gegen Klingsors Krieg führt, fällt in seine Gewalt. Klingsor entwendet dem Gralskönig die heilige Lanze und fügt ihm eine unheilbare Seitenwunde zu. Das Unheil begann aber schon damit, daß dieser das Glaubenssymbol als Waffe verwendete. Der leidende Amfortas weigert sich von nun an, den Gral zu enthüllen, da er nicht mehr leben will. Dabei hat er die Verheißung eines Retters empfangen: »durch Mitleid wissend, der reine Tor« (V.2184f.). Diese Prophetie scheint sich in dem Knaben zu erfüllen, der zu Beginn des Stücks im heiligen Bezirk einen Schwan erlegt und auf die Fragen nach seiner Herkunft keine Auskunft zu geben weiß. Als ihn Gurnemanz zur Gralszeremonie führt, bleibt er allerdings verständnislos und wird mit rüden Worten davongejagt. Gurnemanz mißversteht die Unwissenheit des reinen Toren als »heilige Einfalt«, die ihn wesensmäßig als Erlöser prädestiniert, und verkennt, daß es sich um die Voraussetzung einer Entwicklung handelt.

Die entscheidende Begegnung auf Parsifals Initiationsweg von der unwissenden Reinheit zur erbarmungsvollen Weisheit, ist die mit Kundry. Diese Figur stellt ebenfalls einen Bezug zwischen der Gralsthematik und der deutschen Mythologie her. Kundry ist ein dämonisches Naturwesen, das im Banne Klingsors steht und Amfortas verführte. Andererseits sucht Kundry aber auch die Nähe zur Gralswelt, wenn sie aus den entlegensten Gegenden Heilmittel für den Leidenden herbeischafft. Wenn Klingsor seine Gehilfin herbeiruft, um Parsifal zu versuchen, bezieht er sich auf die mythischen Archetypen, die sie verkörperte: »Urteufelin, Höllenrose!/Herodias warst du, und was noch ?/Gundryggia dort, Kundry hier« (V.471-414). Mit der Bezeichnung »Gundryggia« bezieht Wagner den Namen »Kundry« auf eine hypothetische germanische Urform. Aber auch hinter der jüdisch-christlichen Legende über die Frau des Königs Herodes, die mit seiner Tochter identifiziert wurde, verbirgt sich ein archaischer mythischer Hintergrund. Nach Jacob Grimm wurde die Frau, die das Haupt des Täufers Johannes forderte, »an die Spitze des wütenden Heeres oder der nächtlichen Hexenfahrten« gestellt, »neben die heidnische Diana, neben Holda und Perahta oder an deren Platz«[10]. Im Stück wird Kundry bereits bei ihrem ersten Auftritt als Herodias im Sinne des Volksglaubens beschrieben: »Seht dort die wilde Jägerin !/Hei,/Wie fliegen der Teufelsmähre die Mähnen!/ [...] Flog sie durch die Luft ?« (V.26-28. 32) Im Stück lastet auf Kundry der Fluch, daß sie in einem früheren Leben Jesus auf seinem

Kreuzweg begegnet ist und ihn verlacht hat: »Nun such ich ihn von Welt zu Welt,/Ihm wieder zu begegnen.« (V.856f.) Damit wird Kundry der Figur des ewigen Juden angeglichen, der den leidenden Heiland zurückwies und daher bis zum Weltende ruhelos durch alle Länder ziehen muß. Nach Karls Simrocks »Deutscher Mythologie« aber ist »die Sage vom ewigen Juden [...] aus der vom wilden Jäger entsprungen«[11], so daß Kundry wiederum als dessen weibliche Variante erscheint. Simrock stellt aber das Herodias-Motiv in der Einleitung zu seiner »Parzival«-Übersetzung in noch weitere religiöse Zusammenhänge. Der Autor stellt hier eine Verbindung zwischen Herodias, der wilden Jagd und dem Johannesfest her. »Von Herodias [...] aber wird erzählt: sie war in Liebe gegen Johannes entzündet, die er nicht erwiderte; als sie das auf dem Teller getragene Haupt mit Thränen und Küssen bedecken will, weicht es zurück und hebt heftig zu blasen an; die Unselige wird in den leeren Raum getrieben und schwebt ohne Unterlaß [...]. Die Mischung christlicher Sagen mit heidnischen Mythen ist unverkennbar. Was von der an die Spitze des wüthenden Heeres gestellten Herodias erzählt wird, daß sie Johannes blasend durch die Luft jage, ist eine Umkehrung des Mythos von der Freya, die von Odhur, ihrem Gemahl verlassen, ihm goldene Tränen nachweint, ja ihn zu suchen zu unbekannten Völkern fährt. Auch von Odhin wird umgekehrt erzählt, daß er als Sturmgott, als wilder Jäger, die Freya verfolge. In Odhr ist aber Odhin verborgen, als dessen Gemahlin demnach Freya erscheint, wie sie sonst nur als seine Geliebte gilt. Unsere Mythen, die in der wilden Jagd nachklingen und nicht anders auch die Mythen der urverwandten Völker, zeigen uns entweder den Tod, oder was dasselbe ist, die Flucht des Gottes der schönen Jahreszeit, den seine Gemahlin oder Geliebte betrauert; oder der Gott ist es, welcher der vor ihm fliehenden Göttin nachstellt. Diese beiden Gestalten beziehen sich auf die beiden Hälften des Jahres, welche durch die Sonnenwenden geschieden sind. Die

stürmische Werbung des als Jahresgott gedachten Wuotan-Odhur fällt in die ersten Zwölften (zwischen Weihnachten und Dreikönigstag); in die andern (1.-12.Mai) ihr am ersten Mai (Walpurgisnacht) beginnendes Vermählungsfest: nach kurzer Zeit stirbt dann Wuotan als Hackelbernd, von dem Hauer des Ebers getroffen, um Johannis (Sommersonnenwende)«.[12] Simrock sieht in dem germanischen Mythos denselben Inhalt wie in »dem griechischen von Venus und Adonis, dem egyptischen von Osiris, der dem als Eber erscheinenden Typhon erlag, dem phrygischen von Attys«.[13]
Die Mythen lassen auf die sexuelle Vereinigung der Muttergottheit mit dem jungen Helden dessen Opfertod folgen. Der Tod des Fruchtbarkeitsgottes im Herbst ist die Bedingung seiner Auferstehung im nächsten Frühjahr.[14] Die Tränen, die seine Geliebte um ihn weint, verweisen auf den Regen, der die Vegetation wieder erblühen läßt. Aus diesem mythischen Schema leitet Simrock aber auch die Gralssage her, als deren Urform er die Johanneslegende ansieht. »Wie in allen jenen Mythen dem Blute des sterbenden Gottes schöpferische Kraft beiwohnt, so geht Leben, Fülle und Überfluß von der Schüssel aus, auf der das Haupt des Johannes lag«.[15] Der Tod des Propheten zur Zeit der Sommersonnenwende verweist also auf die Geburt des Erlösers, der mit der siegreichen Sonne identifiziert wird und durch seinen eigenen Tod hindurch am Osterfest aufersteht.
Auch die erotische Beziehung zwischen Kundry und Amfortas endet damit, daß dieser von seinem Gegenspieler Klingsor verwundet wird wie Osiris durch seinen Gegenspieler Typhon. Die Seitenwunde des Amfortas entspricht der von Hackelberend, Attis und Adonis. Die Verwundung des Amfortas verweist aber auch auf das Kommen des Heilbringers Parsifal voraus. Die Wunde des Amfortas setzt Wagner in Verbindung zum Gral, wenn die Enthüllung des heiligen Blutes das Blut des Sünders hervorbrechen läßt. Kundry versucht Parsifal zu verführen, indem sie den Anspruch seiner

Mutter vertritt, deren Tod er verschuldet haben soll: »Die Leib und Leben/Einst dir gegeben [...] Sie beut/Dir heut-/Als Muttersegens letzten Gruß/ Der Liebe – ersten Kuß.« (V.777f. 780-782) Der Kuß läßt Parsifal aber das mythische Schema durchschauen, denn er spürt die Wunde des Amfortas in seinem Herzen. Nun versteht er die Klage des Heilands, die er während des Opfermahles vernahm und erst jetzt erinnernd verbalisieren kann: »Erlöse mich, rette mich/Aus schuldbefleckten Händen«. (V.812f.) Der durch Mitleid wissend gewordene Held kann Kundry widerstehen, die heilige Lanze zurückgewinnen und Klingsor besiegen. Wenn Parsifal das Zauberreich Klingsors allein dadurch zerstört, daß er mit dem Speer das Kreuz schlägt, stellt er dessen rein symbolisch-religiöse Bedeutung wieder her. Auch auf seinen Irrfahrten benützt er das »Heiltum« nicht als Waffe, um es »unentweiht« (V.1046), »heil und hehr« (V.1049) zu bewahren. Wagners christliche Interpretation des Mythos überwindet so dessen Gewaltpotential.

Gleichwohl bleibt der Zusammenhang zwischen dem christlichen Opfermysterium und der mythischen Idee kosmischer Regeneration bestehen. In seiner Autobiographie bringt Wagner diese religiöse Dimension der Naturerfahrung bereits mit dem ersten verlorenen Entwurf des »Parsifal« von 1857 in Verbindung. »Nun brach auch schönes Frühlingswetter herein; [...] das Gärtchen war ergrünt und endlich konnte ich mich auf die Zinne des Häuschens setzen, um der langersehnten verheißungsvollen Stille mich zu erfreuen. Hiervon erfüllt, sagte ich mir plötzlich, daß heute ja Karfreitag sei, und entsann mich wie bedeutungsvoll mir diese Mahnung schon einmal in Wolframs ›Parzival‹ aufgefallen war. Seit jenem Aufenthalte in Marienbad, wo ich die Meistersinger und Lohengrin konzipierte, hatte ich mich nie wieder mit jenem Gedicht beschäftigt; jetzt trat sein idealer Gehalt in überwältigender Form an mich heran, und von dem Karfreitags-Gedanken aus

konzipierte ich schnell ein ganzes Drama, das ich in drei Akten flüchtig skizzierte«.[16]
Das mythische Schema der Parzivaldeutung Simrocks wendet Wagner auch auf Siegfrieds Tod an, wenn in der »Götterdämmerung« Hagen als »Eber« bezeichnet wird, »der diesen Edlen zerfleischt« (V.1178f.) Die christliche Überhöhung des heidnischen Mythos gestaltet der dritte Akt des Wagnerschen »Parsifal« mit dem berühmte Karfreitagszauber. Zu Beginn des Aktes findet Gurnemanz, der als Einsiedler im Wald lebt, die bis zur Leblosigkeit erstarrte Kundry: »Ha! Sie – wieder da?/Das winterlich rauhe Gedörn'/Hielt sie verdeckt: wielang schon?/Auf! – Kundry – Auf!/ Der Winter floh, und Lenz ist da!/Erwache, erwache dem Lenz!« (V.957-960). Die Wiederbelebung der Heidin wird mit dem mythisch personifizierten Kampf zwischen Frühling und Winter in Zusammenhang gebracht, wobei der Text die gleiche Bildlichkeit verwendet wie Walthers Lenzlied aus »Die Meistersinger von Nürnberg«. Auch Parsifal gelangt nach langen Irrfahrten am Karfreitag wieder in den Gralsbereich. Der Einsiedler Gurnemanz erinnert den Geharnischten an die Heiligkeit von Ort und Zeit. Als er Parsifal erkennt, berichtet er ihm vom Verfall der Ritterschaft, nachdem Amfortas den Gral nicht mehr enthüllt. »Die heil'ge Speisung bleibt uns nun versagt; [...] Darob versiegte unserer Helden Kraft«. (V.1074.1077) Auch Kundry ist als reuige Sünderin zugegen und empfängt von Parsifal die Taufe. Als Kundry daraufhin »heftig zu weinen« beginnt, wird Parsifal das Heil als ästhetische Vision der Natur erfahrbar: »Wie dünkt mich doch die Aue heut so schön!« (V.1137) Gurnemanz erläutert ihm diesen »Charfreitags Zauber«: »Des Sünders Reuetränen sind es,/Die heut'mit heil'gem Tau/Beträufet Flur und Au:/ Der ließ sie so gedeihen«. (V.1150-1153) Parsifal bezieht diese segenstiftende Trauer auf Kundry: »auch Deine Träne ward zum Segenstaue:/du weinest – sieh! es lacht die Aue!« (V.1173f.) Das mythologische Motiv der goldenen Tränen der Freia wird so christlich als

Reue und Umkehr interpretiert, bewahrt aber seine kosmologische Bedeutung der natürlichen Regeneration. Entsprechend kann Parsifal die Heil und Kraft spendende Mächtigkeit des Grals erneuern. Das magische Bewußtsein der Gralsritterschaft ist jedoch nun auf eine höhere kulturelle Stufe gelangt, die subjektive Schuld und persönliche Vergebung reflektieren kann.
Das »Bühnenweihfestspiel« entspricht so hinsichtlich seiner mythologischen Konstruktion bis ins Detail der im Zusammenhang der ersten Lektüre des »Parzival« entworfenen Oper »Die Meistersinger von Nürnberg«, deren Spiel mit den biblischen und germanischen Zusammenhängen des Johannestages bereits deutlich wurde. Die beiden Werke illustrieren dabei in komplementärer Weise den mythischen Zeitbegriff Simrocks. Während in den »Meistersingern« die apokalyptischen Übergangsrituale der Sommersonnenwende inzeniert werden, die den künftigen Sieg des Lichts über die Finsternis vorwegnehmen, stellt Wagners »Parsifal« den Regenerationsmythos der Wintersonnenwende ins Zentrum, der allerdings auf den tragischen Untergang des Heilsbringers zurückverweist. Die liminale Phase zwischen den Zeiten erhält in beiden Werken initiatorische Funktion, wobei der ambivalenten Erfahrung des Eros eine besondere katalysatorische Bedeutung zukommt. Während aber Stolzing durch die Liebe zu Eva in eine bürgerliche Existenz gelangt, wird Parsifal durch die Begegnung mit Kundry zur Überwindung der Welt geführt. Hans Sachs leitet das Volk Nürnbergs durch die aufklärerische Wirkung der Kunst aus der destruktiven Aggresivität der Prügelszene zu einer politischen Identität. Parsifal überwindet dagegen die Politisierung der Gralsgemeinschaft durch die ikonoklastische Kraft der christlichen Religion.

3. Die Nibelungen und der Gral: Richard Wagners arischer Mythos

Der archaische Mythos wird bei Wagner nicht einfach durch die Kunst restituiert. Die Mythen Wagners lassen sich vielmehr mit denen des spätantiken Gnostizismus vergleichen, die verschiedene ältere Überlieferungen synkretistisch collagieren und allegorisch auslegen.[17] Die hermeneutischen Mythen dieser jüdisch-christlichen Häretiker, die Wagner etwa aus dem Studium der kirchengeschichtlichen Arbeiten August Friedrich Gfrörers bekannt waren, vermitteln eine Erkenntnis über den Verfallszustand der Welt und predigen die Weltflucht. Während die aitiologischen Sagen von der göttlichen Begründung des Kosmos in der Urzeit handeln und dadurch die gegenwärtige Zustände legitimieren, führen die gnostischen Mythen die materielle Welt auf einen Sündenfall zurück und prophezeien die spirituelle Erlösung der Erwählten. Die Erlösungreligion kann dabei durchaus zur politischen Kraft werden, indem sie die Legitimität der Reiche dieser Welt radikal in Frage stellt und eine *Civitas Dei* begründet.

Schon Wagners Schrift »Die Wibelungen. Weltgeschichte aus der Sage« von 1850 versucht eine umfassende Deutung der Schuld- und Erlösungsmythen, wobei der Nibelungenmythos wie das Gralsmotiv von großer Bedeutung sind.[18] Richard Wagner verknüpft hier die Siegfriedfigur nicht nur mit der nordischen Überlieferung, sondern auch mit dem arischen Mythos. Die vergleichende Sprachwissenschaft und Mythologie des 19. Jahrhunderts stellte die kulturelle Verwandtschaft der indogermanischen Völker fest und schloß auf ihren gemeinsamen Ursprung.[19] Die Konstruktion eines arischen Urvolkes wurde teilweise rassistisch und antisemitisch instrumentalisiert. Wagner teilt die kritiklose Verherrlichung des Ariertums allerdings nicht. Wenn er vom Aufbruch der europäischen Völker aus dem Kaukasus nach Westen erzählt, sieht er ihre Geschichte im Zeichen eines Sündenfalls, der in dem »vatermörderischen Kampf«[20] gegen das ursprüngliche patriachalische Gottkönigtum besteht. Diese Staatsform gründete sich auf die Verehrung des kollektiven Stammvaters, der »als ein Gott selbst erscheinen«[21] mußte und sich in den Herrschern reinkarnierte. Die »Erinnerung an einen göttlichen Urvater [...] aller aus der asiatischen Urheimat hervorgegangenen Völker«[22] zeigt sich darin, daß sich die Stämme nach ihrer Trennung jeweils von einem mythischen Ahnherrn herleiteten. Das Zerbrechen der ursprünglichen Einheit von Herrschaft und Heil soll dazu geführt haben, daß Despotismus und Priesterherrschaft die politische Vergangenheit Europas dominierten. Das römische Imperium und das Papsttum sind für Wagner die Verfallsprodukte des mythischen Gottesreiches. Das fränkische Kaisertum suchte dagegen, das universelle Herrschertum der Urzeit wiederherzustellen. Die Vereinigung weltlicher und geistlicher Macht spiegelt sich im Mythos, der den Stammesheros Siegfried mit Christus identifiziert. So wurde »Christus, als Gottes Sohn, der Vater (mindestens der geistige) aller Menschen«[23] und damit der urzeitliche Mord gesühnt.

Die Nibelungensage wird wiederum im Sinne Simrocks als dualistischer Mythos gelesen, wobei Siegfried als »Licht- und Sonnengott«[24] erscheint. Der Hort der Nibelungen, die als Nacht- und Totengeister gelten, verheißt ihm unermeßliche Macht. »Als das Licht die Finsternis besiegte, als Siegfried den Nibelungendrachen erschlug, gewann er als gute Beute auch den vom Drachen bewachten Nibelungenhort. Der Besitz dieses Hortes [...] ist aber auch der Grund seines Todes: denn ihn wieder zu gewinnen, strebt der Erbe des Drachen, – dieser erlegt ihn tückisch, wie die Nacht den Tag, und zieht ihn zu sich in das finstere Reich des Todes: Siegfried wird somit selbst Nibelung [...]. Der Gottheld [...] hinterließ seinem Geschlecht als Erbteil den auf seine Tat begründeten Anspruch auf den Hort: den Gefallenen zu rächen und den Hort neu zu gewinnen«.[25] Das Streben der fränkischen Könige nach der Weltherrschaft, worin ihnen die Hohenstaufen nachfolgten, habe sich auf diesen Mythos gegründet. Die politische Mythologie des Nibelungenhortes sei aber seit den Kreuzzügen durch die spirituelle Botschaft des heiligen Grals überboten worden. Als eschatologische Hoffnung hinter den Fahrten ins Heilige Land sieht Wagner die Suche nach dem Reich des Priesters Johannes, der in Indien den Hort der Unsterblichkeit aufbewahre und den ideellen Gehalt des Urkönigtum wiederhergestellt habe. Vor allem Kaiser Friedrich II. Barbarossa wollte »dort die verlorene Gottesschau wiederfinden, die herrschsüchtige Priester in Rom nach Gutdünken deuteten.«[26]

Wenn Wagner die Gralsgemeinschaft der katholischen Kirche polemisch entgegensetzt, konnte er diese Auffassung bei San-Martes »Parzival«-Deutung bestätigt finden. Nach Albert Schulz imaginierte der Dichter »eine christliche Genossenschaft, ein Reich der Gläubigen und Auserwählten des Herrn, ohne römische Hierarchie, ohne Pabst und bevorrechtete Priesterschaft«.[27] Bereits in »Die Wibelungen« faßt Wagner den religiös dissidenten Charakter der Gralssage als gesellschaftskritisches Potential auf. Die Lage der Gegenwart sieht er hier von brutalem Materialismus und tödlicher Gewalt bestimmt, wie sie der Nibelungenmythos in seiner säkularisierten Form beschreibt. »Der Hort der Nibelungen hatte sich in das Reich der Dichtung und der Idee verflüchtigt; nur ein erdiger Niederschlag war als Bodensatz von ihm zurückgeblieben: der reale Besitz«.[28] In den mythischen Bildern von Nibelungenhort und Gral inszeniert Wagner seine häufig vorgebrachte Kritik, daß die industrielle Zivilisation allein äußerliche Nützlichkeitserwägungen gelten läßt und so den Menschen seiner geistigen Würde entfremdet, die auf dem unverfügbaren kulturellen Beständen der Kunst und Religion beruht.

4. Die Politik des Grals: Richard Wagner und Ludwig II.

Da Wagner in den »Kunstschriften« der Jahre 1848/49 der modernen Entfremdung eine radikaldemokratische Erneuerung der Kultur entgegenstellt, wirkt sein Interesse für die elitäre Gralsritterschaft erstaunlich. Die Faszination durch die aristokratische Lebensform fügt sich aber gut zu einer antibürgerlichen Haltung. So protestiert Goethes Wilhelm Meister gegen die väterliche Nützlichkeitswelt, wenn seine Schauspielerexistenz die adlige Lebensform imitiert.[29] Während sich der Bürger durch seine persönliche Leistung und seinen pekuniären Erwerb definiert, gründet sich der Adel auf die höfische Repräsentation, die sich ästhetisch inszeniert und alle bloß materiellen Motive verachtet. Wenn sich der Bürger stets auf die prosaische Wirklichkeit bezieht, lebt der Aristokrat in einer Welt des Scheins und läßt sich daher mit dem Künstler vergleichen. Der ostentative Selbstzweck des höfischen Zeremoniell verweist so auf das klassische Ideal der Autonomie des Kunstwerks, das seine Fiktionalität immer bewußt macht und das Wagner auf die Religion überträgt. Die Kunst kann den symbolischen Charakter der Mythen und Rituale deutlich machen und sich so vom Priesterbetrug absetzen, der seine Herrschaft auf den blinden Glauben gründet.

Der eigentliche Durchbruch zur Gestaltung der Gralsidee hängt allerdings mit Wagners Beziehung zu Ludwig II. zusammen, der ihn immer wieder zur Vollendung des »Parsifal« drängte. Das Werk Wagners kam dem romantischen Selbstverständnis Ludwigs entgegen, der sich mit den deutschen Helden der Vergangenheit identifizierte. Die germanische Sage und ihr feudalistisch-aristokratisches Wertesystem konnte so noch eine verspätete absolutistische Herrschaftsform legitimieren. Die Selbstheroisierung Ludwigs II. wurde allerdings auch als ästhetischer Protest gegen die bürgerliche Moderne verstanden. Die Schlösser Ludwigs II.

spiegeln dieses Programm als eine monumentalisierte deutsche Mythologie.[30] Der Komponist bestärkte den »Märchenkönig« immer wieder in seiner mythologischen Selbstdarstellung, um ihm politische Reformen zu suggerieren.[31] Dabei suchte er, das Gottesgnadentum Ludwigs mit einem demokratischen Volkskönigtum zu vermitteln. Auch hier spielt der antikatholische Affekt Wagners eine wichtige Rolle. Als Wagner gerade die »Meistersinger« vollendet, riet er dem König in einem Brief vom 24.7.1866, die Residenz aus München, das von ultramontanistischen Umtrieben unterwandert sei, ins protestantische Nürnberg zu verlegen. Der Komponist wollte dort die Rolle des Hans Sachs übernehmen und Ludwig zum Volkskönig krönen.[32] Der Brief Wagners an Ludwig vom 14.4.1865 belegt, daß auch »Parsifal« eine politische Botschaft impliziert. Wagner berichtet hier dem als »mein angebeter, wunderbarer Freund« angeredeten König von seinem »letzten Charfreitag«, den er »als Flüchtling in München« verbrachte. »Kränklich und leidend hoffte ich mich eine Nacht gut auszuruhen. Ich durchschlich einige Straßen der Stadt, es war rauhes trübes Wetter. Ein Volk in Trauer wogte auf den Plätzen, aus den Kirchen. In einem Seitengäßchen erblickte ich am Fenster eines Bilderladens zum erstenmal das Bild des jugendlichen Nachfolgers des so eben geschiedenen Monarchen. Mich fesselte die unsägliche Anmuth der unbegreiflich seelenvollen Züge. Ich seufzte. ›Wäre Er nicht König, den möchtest du wohl kennen lernen‹ – sagte ich mir. ›Nun ist er König – Er kann von dir nichts erfahren!‹ Schweigend und einsam wanderte ich weiter. – So traurig ich war, feierte ich doch an diesem Charfreitag den Empfängnistag meines ›Parzival‹ – ja, das Bild in dem kleinen Gäßchen hatte mich unwillkürlich wieder auf meinen Helden geführt: der junge König und Parzival verschwammen in Eines; schwach dämmerte das Ahnen – ich war so tief hoffnungslos! – und ward bald Erinnerung; ich gedachte des sonnigen Charfreitages der ersten Empfängnis«.[33] Hier läßt Wagner die bereits aus »Mein Leben« zitierte Szene von 1857 folgen. Der Brief setzt die Begegnung des kranken, schuldenbeladenen und ruhesuchenden Wagner mit dem Porträt Ludwig II. in Entsprechung zu der Verheißung des Retters, die dem siechen Sünder Amfortas widerfährt. Der Brief nimmt dabei den Gegensatz des traurigen Karfreitags der ersten Gralsszene zum Karfreitagszauber des dritten Aktes vorweg.

In der Artikelreihe »Deutsche Kunst und Politik«, die von Ludwig II. anregt wurde, formuliert Wagner konkrete Reformvorschläge, die auf seinen »Parzival«-Entwurf verweisen. Grundsätzlich versuchen die Schriften, das klassisch-romantische Ideal der ästhetischen Autonomie auf das politische Handeln zu übertragen und dieses von materiellen Zwecken zu befreien. Dieses Ziel sei durch eine republikanische Reform des Adels und des Ordenswesens zu erreichen. Die sakrale Monarchie stellt für Wagner eine notwendige Ergänzung der bürgerlichen Verfassung dar. Denn das königliche Recht der Gnade verteidigt durch das »Erbarmen mit dem Missetäter« das Individuum gegen die »Entscheidungen der bürgerlichen Gewalt«, die immer nur das »Gemeinnützliche feststellen können«.[34] Der König ist daher zum »Großmeister« eines Ordens berufen, »in welchem, ganz wie in den ältesten Ordensgemeinschaften, nur gegen das Gelübde der fortgesetzten Aufopferung für höhere und höchste Zwecke selbst dem größten Verdienst die Aufnahme ermöglicht sein soll«.[35] Als Mitglieder dieses Ordens empfehle sich zuerst der alte Adel, da »sich in ihm ein ganzer Stand solcher erhalte, welche sich von Natur als der Nötigung, auf das rein Nützliche auszugehen, überhoben betrachten«.[36] Die Aufnahme in den Orden dürfe freilich nicht von der Geburt, sondern nur von der Gnade des Souveräns abhängig sein, der Angehörige aller Stände erwählen kann. Der Adel müsse darüberhinaus »das ihm bereits abgenötigte Aufgeben seiner bürgerlichen Vorrechte als das bei jedem Ordensgelübde unerläßliche Opfer« akzeptieren. Die neue Aristokratie kann sich

also nicht mehr als erbliches Privileg verstehen und so von der modernen Gesellschaft abgrenzen. Der Adel wird aber auch nicht am bürgerlichen Maßstab der Leistung gemessen, sondern an der Aufgabe aller persönlicher Interessen im Dienste einer religiösen Idee, die das bloße Gemeinwohl transzendiert und so den Staat erst letzlich begründen kann. Wenn Wagner als Modell des neuen Adels die ältesten Ritterorden nennt, führt das in die Nähe des »Parsifal«, zumal bereits San-Marte den Tempelherrenorden als Vorbild der Gralsgemeinschaft bezeichnet. Die Aufnahme in die Gralsritterschaft läßt sich nur durch göttliche Gnade erreichen und durch keine moralische Leistung erzwingen, wie es Klingsor versuchte. Die Ritter leben buchstäblich allein von der göttlichen Gnade des Grals, die ihnen der König vermittelt. Die übermenschlichen Kräfte, die ihnen das Sakrament verleiht, verwenden sie nur zum Dienst an Gott und den Nächsten.
Das Stück schildert die Gralsritterschaft aber bereits in ihrem Niedergang. Das sakrale Königtum ist in Frage gestellt, da Amfortas an der göttlichen Idee verzweifelt und sie dem eigenen Todeswunsch opfern will. Aufgrund dieser Sünde ist er nicht mehr würdig, das Sakrament zu verwalten. Die Verzauberung der abtrünnigen Gralsritter durch Klingsor besteht darin, daß er ihr erotisches Interesse auf die Blumenmädchen fixiert, für die sie nun kämpfen: »die betörten Eigenholde/Zum Schutz ihres schönen Geteufels« (V.208). Obwohl das Heiligtum durch Amfortas entweiht wird, zwingen ihn Titurel und die Ritter »am Amt« (V.352) zu bleiben. Auf diese Weise nehmen sie die Unsterblichkeit als bloßes Privileg für sich in Anspruch. Schließlich degeneriert der Gralsorden so weit, daß sich die Ritter nur noch um ihre Subsistenz sorgen: »Kräuter und Wurzeln/findet ein jeder sich selbst/Wir lernten's im Walde vom Tier« (V.974-976). Die Reform des Ordens kann im Stück nur von dem »reinen Tor« Parsifal ausgehen, von dem Gurnemanz sagt: »adlig scheinst du selbst und hochgeboren, warum ließ nicht deine Mutter/bessere

Waffen dich lehren« (V.270-272). Herzeleide erzog ihren Sohn außerhalb der Kultur, um ihn vor »gleichem frühen Heldentod« (V.275) zu bewahren, wie ihn sein Vater Gamuret erlitt. Die *aventüren* der Artusritterschaft, durch die Wolframs Parzival seine höfische Bildung erwirbt, streicht Wagner bewußt aus. Parsifal reizt Gurnemanz aber auch dadurch zum Lachen, wenn er die Semantik der ethischen Grundbegriffe nicht kennt. »Die mich bedrohten, waren sie bös/Wer ist gut ?« (V.291f.) Dabei erweist sich Parsifal als der wahre Souverän, indem er allein aus Mitleid handelt, ohne ein politisches oder religiöses Gesetz zu kennen. Die Weisheit des Herrschers, des »Wissens Macht« (V.1246) , erwirbt er sich durch sein Erbarmen mit dem Missetäter Amfortas, dessen Leiden er segnet. Indem er Amfortas »entsündigt und entsühnt«, übernimmt Parsifal dessen königliches »Amt«. (V.1242f.) Der Adel Parsifals überschreitet dabei aber den Bereich des Heldentums, dessen Erfüllung der späte Wagner im christlichen Martyrium sieht. Die Gralsritter feiern Jesus Christus in der ersten Gralsszene als »Erlösungshelden« (V.341), für den sie ihr Blut vergießen wollen. Parsifal ist dagegen zum Helden wie zum Heiligen nicht qualifiziert. Der religiöse Ästhet steht aber der Leidenserfahrung Christi impressionistisch offen und kann dem Heiligen dezisionistisch eine neue politische Form geben. So kann Parsifal das scheinbar Unmögliche vollbringen: »höchsten Heiles Wunder/ Erlösung dem Erlöser« (V.1258).

Die Rezeption der deutschen Mythologie in Richard Wagners Musikdramen zeigt eine aufschlußreiche Entwicklung dieses religiösen, politischen und ästhetischen Konzepts. Dabei lassen sich drei wesentliche Tendenzen unterschieden. Die Auseinandersetzung Wagners mit dem germanischen Mythos läßt sich als Aktualisierung, Universalisierung und Säkularisierung des Themas beschreiben. So nähert sich das Mythische bei Wagner aus der »Ferne längst vergang'ner Zeiten«, wie sie die romantische Oper »Der fliegende Holländer« besingt, in den avancierteren Musikdramen immer stärker der Zeitgenossenschaft. In Wagners »Lohengrin« gehört die heidnische Religion noch einer überwundenen Kulturstufe an, deren Wiederkehr eine Bedrohung der menschlichen Sozialität bedeutet, wie sie in der Tragödie Elsas exemplarisch zur Darstellung gelangt. »Die Meistersinger von Nürnberg« führen dagegen die untergründige Präsenz des deutschen Aberglaubens in den urbanen Lebensformen und dem humanistischen Literaturbetrieb der frühen Neuzeit vor. Die Gesellschaft Brabants wird durch die Auswirkungen der paganistischen Reaktion Ortruds in ihrer moralischen Konsens- und ihrer politischen Handlungsfähigkeit schwer beschädigt. Das Nürnberg des Hans Sachs überwindet dagegen die dämonistische Regression, die das Gemeinwesen in einen Hexenkessel verwandelt, indem der Protagonist in der Kunst eine gemeinsame kulturelle Norm findet. Das Stück führt die archaische Gewaltbereitschaft im Medium des Komischen zur Entladung und Sublimation. Wagners »Ring des Nibelungen« und »Parsifal« gestalten die germanisch-deutsche Sage in einer zeitlosen Dramaturgie, die zugleich zum Spiegel der modernen Gesellschaft wird. Diese Aktualisierung des Mythos geht mit einer Ausweitung seiner normativen Geltung einher. Die Normativität des Mythos ist in Wagners »Lohengrin« noch auf den politischen Bereich beschränkt. Als Konkurrenz zur Universalität des christlich-deutschen Reichsgedankens wird die germanische Religion disqualifiziert, wie der Volksglaube in den »Meistersingern« in humoristisch depotenzierter Gestalt erscheint. Der Mythos wird nur als literarisches Modell, das in den Liedern Walthers von Stolzing eine subjektive Erfahrung artikuliert, positiv aufgenommen. Die Spätwerke des »Ring« und »Parsifal« belegen dagegen eine weiterreichende Positivierung des Mythos als universelle Weltdeutung. Die Konzeption des »Rings« spannt sich vom Vorspiel des »Rheingold«, das als musikalische Kosmogonie verstanden werden kann, bis zum Schlußgesang der

Brünnhilde aus der »Götterdämmerung«, der den Untergang der mythischen Welt manifestiert und die Vision eines neuen Kosmos andeutet.[37] Auch Wagners »Parsifal« greift die Regenerationsvorstellung des germanischen Mythos auf, die in der Deutung Karl Simrocks auf einen weitverbreiteten Glauben verweist, und erschließt von hier aus die christliche Erlösungsidee. Dieser Totalisierung der Mythopoetik widerspricht nur scheinbar eine säkularistische Tendenz in Wagners Mythosrezepetion. Das Werk weist vielmehr falsche religiöse Geltungsansprüche zurück und bekräftigt auf diese Weise die Autonomie des Heiligen. Wagners »Lohengrin« zeigt das Scheitern des Wunderglaubens als Grundlage politischer Legitimität. »Der Ring des Nibelungen« bringt den Verfall der wotanistischen Weltordnung und der sozialen Ordnungen, die sie begründete, auf die Bühne. Die Instrumentalisierung der göttlichen Macht, wie sie sich an dem mythisch-ästhetischen Symbol des Rheingolds manifestiert, verstrickt sich in eine heillose Materialisierung, aus der nur noch die katastrophische Vernichtung einen Erlösungsweg eröffnet. In Wagners »Parsifal« muß die Gralsritterschaft von ihrer fundamentalistischen Militarisierung befreit werden, die sie in schuldhafter Egozentrik gebannt hält. Ebenso wird auch Kundry von der erotischen Manipulation ihrer mythischen Rolle geheilt.
Das Heilige wird dabei zum Modell, aber nicht zur Rechtfertigung des Politischen. »Die Meistersinger« machen schließlich die Auswirkung der dualistischen Mythologie als aggressives Verhaltensmuster deutlich.
Die Gestaltung der deutschen Mythologie in Wagners Werk stellt sich somit quer zu ihrer Rezeption im 19. Jahrhundert, die sich als Historisierung, Nationalisierung und Resakralisierung beschreiben läßt. Der germanische Mythos wurde als Ausdruck einer idealisierten Frühzeit aufgebaut und als Argument für die Demontage der Neuzeit herangezogen. Die internationale Symbolsprache der Mythologie wurde auf einen ethnozentrischen Dialekt reduziert. Die poetische Theologie

der Göttergeschichte, die romantische Ästhetiker faszinierte, wurde zur obskuren Glaubenslehre vereindeutigt. Die Erfindung der deutschen Mythologie als einer nationalen Kunstreligion erweist sich in ihrer Wirkung als ambivalent. Wenn die mythische Dichtung der Germanen als Kunst erkannt wurde, konnte sie die künstlerische Phantasie der Moderne anregen. Die Fiktionalisierung der nationalen Tradition ermöglichte es, diese als individuellen Beitrag zum weltliterarischen Zusammenhang zu erkennen und so die kulturelle Identität der Deutschen weltbürgerlich zu perspektivieren. Wenn die germanische Sage dagegen ohne ästhetische Distanz wahrgenommen wurde, konnte sie zur kommerziellen Täuschung, politischen Ideologie und schließlich zum völkischen Kult werden. Die Instrumentalisierung des Germanentums durch den Nationalsozialismus diskreditierte schließlich das Thema und korrumpierte seine Vertreter. Die Beschäftigung mit der deutschen Mythologie muß erst den Schutt ihrer politischen Wirkungsgeschichte abräumen, um die Runen einer Kunstreligion freizulegen, die ganz andere Visionen und Interpretationen des Germanischen enthält.

---

1 Vgl. Friedrich de la Motte Fouqué, Der Parcival, hrsg. v. Tilman Sprecklesen, Peter Henning Haischer, Frank Rainer Max/ Ursula Rautenberg, Hildesheim/New York 1997.
2 Richard Wagner, Mein Leben, hrsg. v. Martin Gregor-Dellin, München 1989, S. 273.
3 Ebd., S. 315.
4 Vgl. Reinhold Baumstark/Michael Koch (Hrsg.), Der Gral. Artusromantik in der Kunst des 19. Jahrhunderts, Köln 1995.
5 Richard Wagner an Mathilde Wesendonck. Tagebuchblätter und Briefe 1854-1871, hrsg. v. Walter Golther, Berlin 1909, S. 146.

[6] Vgl. Walter Baetke, Das Heilige im Germanischen, Tübingen 1942.

[7] J. Grimm, Deutsche Mythologie, Bd. 2, S. 725.

[8] Ebd., S. 727.

[9] Vgl. Wolf-Daniel Hartwich, »Religion und Kunst beim späten Richard Wagner. Zum Verhältnis von Ästhetik, Theologie und Anthropologie in den Regenerationsschriften«, Jahrbuch der Deutschen Schillergesellschaft 40 (1996), S. 297-323.

[10] J. Grimm, Deutsche Mythologie, Bd. 1, S. 234f.

[11] Karl Simrock, Deutsche Mythologie, S. 206.

[12] Wolfram von Eschenbach, Parzival und Titurel, hrsg. v. Karl Simrock, Stuttgart 1862, Bd. 2, S. 534.

[13] Ebd., S. 535.

[14] Zum Hintergrund dieser Vorstellung in den antiken Vegetationskulten und Initiationsritualen vgl. Gerhard J. Baudy, Adonisgärten. Studien zur antiken Samensymbolik, Meisenheim 1986.

[15] Wolfram von Eschenbach, hrsg. v. K. Simrock, Bd. 2, S. 536.

[16] R. Wagner, Mein Leben, S. 561.

[17] Vgl. Jacob Taubes, »Der dogmatische Mythos der Gnosis« (1971), in: ders., Vom Kult zur Kultur, S. 99-113.

[18] Zur mythischen Geschichtsdeutung der »Wibelungen«-Schrift vgl. Petra-Hildegard Wilberg, Richard Wagners mythische Welt. Versuche wider den Historismus, Freiburg 1996, S. 77-184.

[19] Vgl. Maurice Olender, Die Sprachen des Paradieses. Religion, Philologie und Rassentheorie im 19. Jahrhundert, Frankfurt a.M./New York 1995.

[20] R. Wagner, Gesammelte Schriften, Bd. 6, S. 124.

[21] Ebd., S. 100.

[22] Ebd., S. 127.

[23] Ebd., S. 128.

[24] Ebd., S. 103.

[25] Ebd., S. 116f.

[26] Ebd., S. 134.

[27] San-Marte (Albert Schulz), Über das Religiöse in den Werken Wolframs von Eschenbach, Halle 1861, S. 220.

[28] R. Wagner, Gesammelte Schriften, Bd. 6, S. 136.

[29] Vgl. Dieter Borchmeyer, Höfische Gesellschaft und Französische Revolution bei Goethe. Adliges und bürgerliches Wertsystem im Urteil der Weimarer Klassik, Kronberg 1977, S. 1-54.

[30] Vgl. Michael Petzet/Werner Neumeister, Ludwig II. und seine Schlösser. Die Welt des bayerischen Märchenkönigs, 4. Auflage, München/New York 1995.

[31] Vgl. Verena Naegele, Parsifals Mission. Der Einfluß Richard Wagners auf Ludwig II. und seine Politik, Köln 1995.

[32] König Ludwig II./Richard Wagner, Briefwechsel, hrsg. v. Otto Strobel, Karlsruhe 1936, Bd. 2, S. 78f.

[33] Ludwig II./R. Wagner, Briefwechsel, Bd. 1, S. 83.

[34] R. Wagner, Gesammelte Schriften, Bd. 14, S. 113.

[35] Ebd., S. 115.

[36] Ebd., S. 118.

[37] Vgl. Ludwig Finscher, »Mythos und musikalische Struktur«, in: Udo Bermbach/Dieter Borchmeyer (Hrsg.), »Der Ring des Nibelungen«. Ansichten des Mythos, Stuttgart/Weimar 1995, S. 27-37.

Literatur

Adorno, Theodor W.: »Bilderwelt des Freischütz«, in: ders.: Gesammelte Schriften, Bd. 17, Frankfurt a.M.1982, S. 36-41.

Apel, Johann August/Laun, Friedrich: Gespensterbuch, hrsg. v. Robert Stockhammer, Frankfurt a.M. 1992.

Ascher, Saul: Vier Flugschriften, Berlin/Weimar 1991.

Assmann, Aleida: Arbeit am nationalen Gedächtnis. Eine kurze Geschichte der deutschen Bildungsidee, Frankfurt a.M./New York 1993.

Bächtold-Stäubli, Hans (Hrsg.): Handwörterbuch des deutschen Aberglaubens, Berlin 1927ff.

Baetke, Walter: Das Heilige im Germanischen, Tübingen 1942.

Baumstark, Reinhold/Koch, Michael: Der Gral. Artusromantik in der Kunst des 19. Jahrhunderts, Köln 1995.

Bermbach, Udo/ Borchmeyer, Dieter (Hrsg.): Richard Wagner, »Der Ring des Nibelungen«. Ansichten des Mythos, Stuttgart/Weimar 1995.

Borchmeyer, Dieter: Das Theater Richard Wagners. Idee-Dichtung-Wirkung, Stuttgart 1982.

Buberl, Brigitte: Erlkönig und Alpenbraut. Dichtung, Märchen und Sage in Bildern der Schack-Galerie, München 1990.

Dahlhaus, Carl: Die Idee der absoluten Musik (1978), 3. Auflage, Kassel 1994.

Robert Didion, »Regina – Eine Oper zwischen Revolution und Romantik«, in: Programmbuch »Regina«, Schillertheater NRW Wuppertal/Gelsenkirchen 1997/1998, S. 63-76.

Düwel, Klaus/ Zimmermann, Harro: »Germanenbild und Patriotismus in der deutschen Literatur des 18. Jahrhunderts«, in: Heinrich Beck (Hrsg.): Germanenprobleme in heutiger Sicht, Berlin/New York 1986, S. 358-395.

Echternkamp, Jörg: Der Aufstieg des deutschen Nationalismus (1770-1840), Frankfurt a.M./New York 1998.

Ehrismann, Otfrid: Das Nibelungenlied in Deutschland, München 1975.

ders.: Nibelungenlied 1755-1920. Regesten und Kommentare zu Forschung und Rezeption, Gießen 1986.

Eisner, Lotte: Die dämonische Leinwand (1955), Frankfurt a.M. 1987.

Goethe, Johann Wolfgang von: Werke, hrsg. v. im Auftrag der Großherzogin Sophie von Sachsen, Weimar 1887ff.

Goslich, Siegfried: Die deutsche romantische Oper, Tutzing 1975.

Grimm, Jacob und Wilhelm: Kinder- und Hausmärchen, hrsg. v. Friedrich Panzer, Wiesbaden o.J.

Grimm, Jacob: Deutsche Mythologie, hrsg. v. Elard H. Meyer, Berlin 1875, Nachdruck: Graz 1968.

Grimm, Jacob: Deutsche Rechtsalterthümer, hrsg. v.

Ruth Schmidt-Wiegand, Hildesheim/New York 1992.

Jörg W. Gronius, »Jäger sind Mörder. Weidgerechtigkeit und Paarungsstress in Webers ›Freischütz‹«, in: Programmbuch »Der Freischütz«, Staatsoper unter den Linden, Berlin 1997, S. 45-53.

Haack, Friedrich Wilhelm: Wotans Wiederkehr. Blut-, Boden- und Rasse-Religion, München 1981.

Haedler, Manfred: »Ein Schwanenritter für alle Fälle. Wagners Lohengrin: Mißverständnisse und Mißbräuche«, in: Programmbuch »Lohengrin«, Staatsoper unter den Linden, Berlin 1996, S. 27-35.

Hartwich, Wolf-Daniel: »Christlicher Monotheismus und Germanische Theologie. Schöpfungsmythen in der mittelalterlichen Literatur und ihre politisch-kosmologische Funktion«, Zeitschrift für Religions- und Geistesgeschichte 48 (1996), S. 39-67.

ders.: »Religion und Kunst beim späten Richard Wagner. Zum Verhältnis von Ästhetik, Theologie und Anthropologie in den ›Regenerationsschriften‹«, Jahrbuch der Deutschen Schillergesellschaft 40 (1996), S. 297-323.

Heine, Heinrich: Sämtliche Schriften, hrsg. v. Klaus Briegleb, Frankfurt a.M./Berlin/Wien 1981.

Heinzle, Joachim/ Waldtschmidt, Anneliese (Hrsg.): Die Nibelungen. Ein deutscher Wahn, ein deutscher Alptraum. Studien und Dokumente zur Rezpetion des Nibelungenstoffs im 19. und 20. Jahrhundert, Frankfurt a.M. 1991.

Heinzle, Joachim: »›diese kräftigen Töne‹. Zu Karl Simrocks Übersetzung des Nibelungenliedes«, in: J. Heinzle/A. Waldtschmidt, Die Nibelungen, S. 111-118.

Herder, Johann Gottfried: Sämtliche Werke, Stuttgart/Tübingen 1852f.

ders.: Sämmtliche Werke, hrsg. v. Bernhard Suphan, Berlin 1877ff.

Hoffmann, Werner (Hrsg.): Ossian und die Kunst um 1800, München 1974.

Kaiser, Gerhard: Klopstock. Religion und Dichtung, Kronberg 1975.

Kiedisiu, Harald: »Zur politischen Rezeption der ›Meistersinger von Nürnberg‹. Von der Uraufführung bis zum Nationalsozialismus«, in: Matthias Viertel (Hrsg.), »Achtet mir die Meister nur!« »Die Meistersinger von Nürnberg« im Brennpunkt, Hofgeismar 1997, S. 89-118.

Klopstock, Friedrich Gottlieb: Sämtliche Werke, Leipzig 1854.

Kolk, Rainer: Berlin oder Leipzig? Eine Studie zur sozialen Organisation der Germanistik im »Nibelungenstreit«, Tübingen 1990.

Kracauer, Siegfried: Von Caligari zu Hitler. Eine psychologische Geschichte des deutschen Films (1946), Frankfurt a.M. 1984.

Kramer, Bernd: »Laßt uns die Schwerter ziehen, damit die Kette bricht«. Michael Bakunin, Richard Wagner und andere während der Dresdner Mai-Revolution 1849, Berlin 1999.

Levin, David J.: Richard Wagner, Fritz Lang and the Nibelungen: The Dramaturgy of Disavowal, Princeton 1998.

Ludwig II./Wagner, Richard, Briefwechsel, hrsg. v. Otto Strobel, Karlsruhe 1936.

Lodemann, Jürgen (Hrsg.): 1848 und Regina. Eine deutsche Parallel-Chronik in Dokumenten, Gelsenkirchen 1988.

Lortzing, Albert: Regina. Oper in drei Akten, in: Programmbuch »Regina«, Schillertheater NRW, Wuppertal/Gelsenkirchen 1997/1998, S. 15-62.

Moser, Hugo: Karl Simrock. Universitätslehrer und Poet, Germanist und Erneuerer von »Volkspoesie« und älterer »Volksliteratur«. Ein Stück Literatur-, Bildungs- und Wissenschaftsgeschichte des 19. Jahrhunderts, Berlin 1976.

Mosse, George L.: Die Nationalisierung der Massen. Von den Befreiungskriegen bis zum Dritten Reich, Berlin/Wien 1976.

ders.: Die völkische Revolution. Über die geistigen Wurzeln des Nationalsozialismus, Frankfurt a.M.1979.

Mota, Jordi/Infiesta, Maria: Das Werk Richard Wagners im Spiegel der Kunst, Tübingen 1995.

Münkler, Herfried/Storch, Wolfgang: Siegfrieden. Politik mit dem deutschen Mythos, Berlin 1988.

Naegele, Verena: Parsifals Mission. Der Einfluß Richard Wagners auf Ludwig II. und seine Politik, Köln 1995.

Olender, Maurice: Die Sprachen des Paradieses. Religion, Philologie und Rassentheorie im 19. Jahrhundert, Frankfurt a.M./New York 1995.

Petzet, Michael/Neumeister, Werner: Ludwig II. und seine Schlösser. Die Welt des Bayerischen Märchenkönigs, 4. Auflage, München 1995.

Poliakov, Leon: Der arische Mythos, Hamburg 1993.

Rose, Paul Lawrence: Revolutionary Antisemitism in Germany from Kant to Wagner, Princeton 1990.

Schlegel, Friedrich: Kritische Schriften und Fragmente, hrsg. v. Ernst Behler/Hans Eichner, Paderborn 1988.

Schnoor, Hans: Weber auf dem Welttheater. Ein Freischützbuch, Hamburg 1963.

Schulz, Albert (San-Marte): Über das Religiöse in den

Werken Wolframs von Eschenbach, Halle 1861.

See, Klaus von: Barbar, Germane, Arier. Die Suche nach der Identität der Deutschen, Heidelberg 1994.

ders.: Mythos und Theologie im skandinavischen Hochmittelalter, Heidelberg 1998.

ders.: »Das Nibelungenlied – Ein Nationalepos?«, in: J.Heinzle/A.Waldtschmidt (Hrsg.), Die Nibelungen, S. 43-110.

Simrock, Karl: Deutsche Mythologie mit Einschluß der nordischen, 6. Auflage, Berlin 1887.

Singer, Samuel: Mittelalter und Renaissance/Die Wiedergeburt des Epos und die Entstehung des modernen Romans. Zwei akademische Vorträge, Tübingen 1910.

Spitta, Philipp: Carl Maria von Weber, hrsg. v. Hans Dünnebeil, Berlin 1947.

Steinthal, Heymann: »Das Epos«, Zeitschrift für Völkerpsychologie 5 (1868), S. 1-57.

Tatar, Maria: Von Blaubärten und Rotkäppchen. Grimms grimmige Märchen, Salzburg/Wien 1990.

Voigt, Jürgen: Ritter, Harlekin und Henker. Der junge Heine als romantischer Patriot und Jude, Frankfurt a.M./Bern 1982.

Wagner, Richard: An Matthilde Wesendonck. Tagebuchblätter und Briefe 1854-1871, hrsg. v. Walter Golther, Berlin 1909

ders.: Gesammelte Schriften, hrsg. v. Julius Kapp, Leipzig o.J.

ders.: Mein Leben, hrsg. v. Martin Gregor-Dellin, München 1989.

Weber, Carl Maria von/Kind, Friedrich, Der Freischütz. Romantische Oper in drei Akten, hrsg.: Kurt Pahlen/Rosemarie König, München/Mainz 1982.

Weber, Max Maria: Carl Maria von Weber. Ein Lebensbild, hrsg. v. Rudolf Pechel, Berlin 1912.

Weiner, Marc: Richard Wagner and the Anti-Semitic Imagination, Lincoln/London 1995.

Wilberg, Petra-Hildegard: Richard Wagners mythische Welt. Versuche wider den Historismus, Freiburg 1996.

Winkler, Markus: Mythisches Denken zwischen Romantik und Realismus. Zur Erfahrung kultureller Fremdheit im Werk Heinrich Heines, Tübingen 1995.

Wolfram von Eschenbach: Parzival und Titurel, hrsg. v. Karl Simrock, Stuttgart 1862.

Zernack, Julia: »Germanische Restauration und Edda-Frömmigkeit«, in: Richard Faber (Hrsg.), Politische Religion-religiöse Politik, Würzburg 1997, S. 143-160.

Zimmermann, Harro: »Geschichte und Despotie. Zum politischen Gehalt der Hermannsdramen F.G. Klopstocks«, in: Heinz Ludwig Arnold (Hrsg.), Friedrich Gottfried Klopstock, München 1981, S. 97-121.